W0362946

MARSEILLE
nouveau
MANUEL DE SURVIE

Remerciements

Tout d'abord, merci à Yvette pour son aide précieuse et sa générosité. Merci également aux Marseillais de naissance ou d'adoption pour leur temps et leurs conseils avisés, et en particulier à Robert Dagany, Nicolas Mémain, Marion Kressmann, Denis Bonneville, Célia Bénisty, Laura Guien, Laure Sarritzu, Nicolas Maisetti, Fabien Pecot, Daniel, Guillaume, Arnaud, La Bert, Denis et Noëlla, Ben et Romina, Aude et Thomas, Hervé, Yaël, Laure et Capucine.

Aux lecteurs de *The Guide of the Provence*
Des extraits, des idées ou des ambiances marseillo-provençales de *The Guide Of the Provence* de Philippe Carrese et Jean-Pierre Cassely (éditions L'Écailler du Sud, 2001) sont tombés du camion pour atterrir dans ce *Manuel de survie*.

© 2014 Éditions Les Beaux Jours / CPL

MARSEILLE

nouveau

MANUEL DE SURVIE

JEAN-LAURENT CASSELY

Dessins de Philippe Carrese

Le Conseil de surveillance
de *Marseille, Manuel de survie*
est composé de :

Philippe Carrese,
consultant folkloriste en chef

Jean-Pierre Cassely,
consultant folkloriste suppléant

LES BEAUX JOURS

S ● M M

Avertissement 9

13 Bar

Bobos 18

24 Cagolitude

Calanques 31

34 Capitale de la culture

Code de la route 40

44 Déco (néo-provençale)

Dressing (100 % marseillais) 51

56 Faune

Fini-parti 61

66 Friche

Gaudin (Jean-Claude) 69

73 Kalachnikov

Made in Marseille 75

79 Métiers

Militants 84

88 Néo-quartier

Nord (quartiers) 93

A i R E

95 Nuit

Pagnol (circuit) 101

105 Pagnol (vs Giono vs Izzo)

Parisien 108

113 PBLV ("Plus belle la vie")

Pétanque 118

121 Piston

Pizza 125

129 Plage

Polar (marseillais) 133

137 PPP (Prado, Périer, Paradis)

Puces 140

142 Raggaïoli

(Mauvaise) Réputation 146

156 (néo-)Santons

Snack 159

163 Supporter(s)

Village(-dortoir) 168

Avertissement

Vous venez donc de trouver ce *Manuel de survie* dans votre librairie au rayon *Marseille* pourtant déjà bien encombré... Bravo pour votre intuition. Après peut-être quelques hésitations bien légitimes, vous avez su éviter :

• *Les recettes secrètes de Fabio Montale,*

• *Le guide des Marseillais célèbres du Pétomane à Clara Morgane,*

• *"Oh hisse, enculé !" : histoire illustrée des groupes de supporters de l'Olympique de Marseille en XVI volumes,*

• *Phonèmes vocaliques du provençal dialectal : le cas de Roger Santonacci dit Le Zé, bouliste à Saint-Anne* (CNRS/Université de Provence, Laboratoire Approches interdisciplinaires du Provençalisme et de la Marseillitude),

• *Anthologie de la tchatche de Fernandel à Akhenaton,*

• *Marcel Pagnol n'a jamais mis les pieds à Marseille* par le Réseau Voltaire,

- *Mon douzième casting chez Endemol : témoignage de Kenza de Sainte-Marguerite,*
- *2 000 Maisons trop chères en Provence,*
- *Le guide topographique des avenues et boulevards de Marseille pour film de course-poursuite en taxi,*
- *Le tombé du camion : vers une tiers-mondisation des échanges marchands informels métropolitains ? par le Collectif Rue de Rome,*
- *La Provence à Nanar* (guide touristique des prisons de Provence aux éditions Évasion),
- *Le guide des restos de poisson à 150 € minimum par Parisien* de Gaëtan de Saint André du *Figaro Magazine,*
- *De Pierrelatte à Cadarache : 13 circuits-promenades en Provence-nucléaire-que-j'aime,*

... sans oublier *l'indispensable Deux mille trois cents manières de cuisiner le Gobi.*

Avec *Marseille, Manuel de survie*, vous avez fait le bon choix. Car vous avez entre les mains le seul manuel pratique qui répond à toutes les questions primordiales que se posent le néo-Marseillais inquiet et le Marseillais curieux, et notamment :

- Quelles sont les différences entre "Plus belle la vie" et la vraie vie du Panier ?
- Faut-il être corse, syndiqué et membre de l'amicale bouliste pour décrocher un entretien d'embauche à Marseille ?
- La nuit marseillaise est-elle nulle ?
- La cagole est-elle devenue une attraction touristique ?
- Le food-truck locavore est-il l'avenir du camion pizza ?
- Pourquoi les Marseillais passent-ils tout leur temps libre dans des castings de téléréalité ?
- Comment écrire un polar marseillais sans se fatiguer ?
- Les néo-Marseillais sont-ils des Parisiens comme les autres ?

En effet, vivre à Marseille avec les Marseillais, c'est conjuguer douceur de vivre et bouchons de 17 heures sur le Jarret, convivialité et alcoolisme festif, glamour provençal et digestion d'aïoli, slalom en poussette et report de chantier, grève perlée et dossier de subvention, multiculturalisme et ghettoïsation sociale... Mais c'est aussi parler de foot trois heures par jour ou se perdre sur les quais du GPMM (grand port maritime de Marseille), expliquer aux Parisiens que la place du Mistral se trouve aux studios de la Belle de Mai et non dans la zone urbaine sensible du Panier, et, bien sûr, parfaire son intégration dans tous les bars et les restaus clandestins de quartier, les "club-houses" de cercles boulistes et les plages privées, les boîtes de nuit et les sardinades VIP, les commissions d'investiture des candidats aux élections locales et les virages du stade, et plus généralement dans tous les endroits qui exigent un parrainage, huit recommandations de cousins proches, un arbre généalogique marseillais remontant à trois générations. Mais ne paniquez surtout pas. *Marseille, Manuel de survie* est là pour vous accompagner à chaque étape d'un processus d'intégration qui s'avérera long et douloureux.

Bonne lecture et, surtout, bonne chance.

L'auteur

Bar

Comment devenir habitué d'un vrai bar marseillais?

En dépit des apparences, la pratique de l'apéro à Marseille n'a rien à voir avec l'alcoolisme. Il s'agit tout simplement de sociabilité méditerranéenne. Mais attention, pour en goûter tous les plaisirs, quelques règles sont à respecter sans faillir. Suivez ce mode d'emploi étape par étape pour limiter les dégâts.

Parcours d'intégration dans un bar marseillais

Commandez "la même chose"

Après avoir franchi le seuil du bistrot convoité d'un pas déterminé, demandez au patron "la même chose". Il vous fera répéter plusieurs fois car il doit d'abord vous classer dans une des catégories de clients de son bar. Normalement, il vous faudra patienter environ quinze jours pour que le patron accepte de vous servir "la même chose" sans vous faire préciser la boisson.

Ne vous faites pas remarquer

Attention. En passant votre commande, évitez soigneusement d'utiliser le mot "petit-déjeuner" ou, pire encore, "brunch", car comme tout mot inconnu de votre interlocuteur, il pourra vite

devenir votre surnom : "Té, vé le brunche qui se ramène, y va encore nous casser les couilles." Ne prononcez pas le terme "pastaga" car, contrairement à ce qu'on vous a raconté, ce n'est pas comme ça qu'on parle à Marseille. On dit un jaune, un fly ou bien un 51, un Casa, un Ricard, etc. D'ailleurs, on ne dit rien car le patron connaît déjà la marque favorite de chaque habitué.
Toujours dans l'espoir de ne pas provoquer un esclandre pour des peccadilles, oubliez si possible de rappeler à vos nouveaux amis que la cigarette est prohibée des lieux qui accueillent du public depuis le 1er janvier 2008.

Prenez exemple sur les habitués

Pour maximiser vos chances d'intégration, n'hésitez pas à imiter les habitudes alimentaires des clients fidèles. Par exemple, le matin vers 11 heures, optez pour le "casse-croûte éboueurs", composé d'une salade de tomate à l'ail et au basilic, de saucisson, de pâté ordinaire et de camembert, le tout arrosé de rosé frais et acide. Dans les premiers temps, il est possible que vous ayez des brûlures d'estomac ou, au mieux, des aigreurs. C'est normal, c'est le métier qui rentre.
Un conseil pour tenir plus longtemps l'alcool : bien que de sordides légendes urbaines soient associées à leur mode de préparation, les olives et les cacahuètes peuvent vous aider à tenir. Surtout à partir de cinq pastis consommés à jeun.

Ne cédez pas au découragement

L'expérience des auteurs a montré que les premières semaines étaient souvent les plus éprouvantes : persévérez, vous ne le regretterez pas. Peut-être qu'au bout d'une vingtaine d'années vous aurez droit à un "Bonjour". Pour la poignée de main, il ne faut pas y compter : elle est réservée aux permanents.

Où profiter à toute heure des meilleures brèves de comptoir

Pour trouver le Vrai bar marseillais, il suffit d'entrer dans le premier venu et de vérifier la présence des objets suivants :

- Une photo dédicacée de Bernard Tapie, de Basile Boli, de Jean-Pierre Papin ou d'un membre de l'équipe de l'OM de 1993.
- La photo de la partie de cartes mise en scène par Pagnol dans son film *Marius*.
- Plusieurs trophées de pétanque posés sur une étagère au-dessus du bar ou exposés dans une vitrine sécurisée.

Il est possible de profiter dès la fin de matinée de bonnes saillies ayant trait à la vie locale ou à la politique nationale. Pour cela, on ne saura que trop conseiller au lecteur de se rendre dans un bar PMU proposant tous les services de la Française des Jeux : Tiercé, Quinté, Rapido, jeux à gratter…

Le Vieux-Port et ses abords immédiats (Canebière, cours Jean-Ballard) ont gardé une saveur pagnolesque même si on regrette la standardisation rapide entraînée par la prolifération des franchises et des bars lounge. La place Paul-Cézanne est un must à toute heure, tout comme La Plaine, la Belle de Mai et les quartiers en "Saint" (Saint-Henri, Saint-Antoine, etc.).

On profitera évidemment des soirées de match (voir "Supporter(s)", p. 163) pour ne pas perdre une miette des brèves footballistiques, et succomber au charme des chants de supporters évoquant la pratique du coït anal chez les équipes adverses ou entre représentants de la Fédération française de football. On privilégiera dans ce cas tout bar situé dans un rayon de 800 mètres autour du stade, ainsi que toute baraque à frites, extension de bar ou stand sauvage de hot-dogs/bières pression diffusant le match.

Choisissez votre tactique pour accéder aux WC dans un bar marseillais

Première hypothèse: vous avez de la chance, un écriteau indique les WC sur la porte. C'est le cas le plus rare.

Deuxième hypothèse: il n'y a pas d'écriteau. Surtout, ne posez jamais la question "Vous avez des WC ?" Pour un "étranger", la réponse sera toujours "NON". L'épreuve initiatique consiste alors à demander au patron la clef des WC, qui se trouvent souvent au fond de la cour ou à l'entresol de l'immeuble. Dans l'état où vous vous êtes mis, normalement, le patron devrait vous la donner rapidement et sans faire d'histoire.

Le piège à touristes classique : le pastis au mètre

Dans l'esprit du touriste, la dégustation du pastis au mètre prouve que les Provençaux sont alcooliques. Bon, en un sens c'est parfois vrai. Mais le pastis au mètre démontre surtout de manière éclatante qu'en matière de gestion prévisionnelle, les patrons de bars sont de redoutables capitaines d'industrie.

Analysons à présent l'action au ralenti. Le patron de bar a, dans la main gauche (ou droite), la bouteille de pastis avec le bouchon doseur, et, dans l'autre main, la carafe d'eau fraîche. S'il devait poser à chaque fois la bouteille et la carafe pour prendre un verre et le poser sur le comptoir, sa productivité en pâtirait grandement.

C'est pourquoi il pose directement un mètre de verres, qu'il remplit d'un seul geste rapide et sûr. Le problème c'est qu'en procédant ainsi, il n'est pas (ou plus) en mesure de mémoriser combien de verres untel ou untel a bus. D'où l'intérêt de promouvoir la commande unique par un client identifié : "C'est Dédé qui paie ce mètre." Et toute la puissance de ce concept se révèle quand arrive un touriste.

Suivez bien l'action, ça va aller très vite.

Le nouveau venu est invité à se joindre à cette joyeuse assemblée qui lui offre à boire gratis. Quand il a bu trois ou quatre verres, et comme il n'est pas habitué, il s'arrête. C'est alors qu'on lui demande gentiment de payer sa tournée. Vu qu'un mètre représente entre vingt et vingt-cinq verres alignés, le tour est joué. Notre touriste, en payant vingt-cinq verres, s'est donc fait arnaquer de vingt ou vingt et un verres, considérant qu'il n'en a bu que trois ou quatre. Pas besoin d'être expert-comptable pour comprendre.

BIEN COMPRENDRE LES COUTUMES LOCALES

Bobos

Comment savoir si votre quartier se boboïse ?

La présence bobo est encore trop clairsemée à Marseille pour qu'on puisse véritablement parler d'invasion. Face à l'échec chronique des plans de réhabilitation des quartiers centraux marseillais, les bobos amateurs de "vrais" gens et de quartiers populaires arrivent difficilement à transformer ces zones de Marseille sur le modèle de leur fantasme (Greenwich Village et le canal Saint-Martin).

Il convient néanmoins de rester vigilant et de scruter les signes avant-coureurs d'une arrivée massive, surtout depuis l'effet accélérateur de Marseille, capitale européenne de la culture 2013. Depuis cet événement, le niveau d'alerte oscille entre orange et rouge à cause des très nombreux articles de presse décrivant Marseille comme branchée, culturelle et créative, qui fonctionnent comme des campagnes massives de recrutement de futurs bobos marseillais.

On peut citer le titre de Best City 2014 à égalité avec San Francisco remis à Marseille par l'éditeur spécialiste de design et d'architecture *Wallpaper*, sa deuxième place du top 46 des villes à visiter en 2013 pour le *New York Times*, qui persiste dans sa marseillomania à la fin de la même année en désignant la ville "capitale secrète de la France", l'article élogieux du magazine du *Monde*, *M*, qui titrait "Il fait bobo à Marseille" en 2014 ou la critique enthousiaste dans le *Guardian* britannique de la "food scene" marseillaise… Le choix du Mama Shelter, concept d'hôtel branché, d'ouvrir en 2012 à Marseille après Paris n'a fait que confirmer ces craintes.

Restons donc particulièrement sur nos gardes : le danger communautariste guette car si vous ne vous occupez pas de freiner sa progression, le bobo se fera un plaisir de reconfigurer votre quartier, ce qui entraînera automatiquement plusieurs conséquences regrettables :
1. La hausse des loyers.
2. Un flot ininterrompu de rencontres-débats, de sardinades festives ou de réunions panier bio.
3. Une présence insupportable d'enfants de bobos à prénoms crétins (Jules, Balthazar, Solal, Dorian, Hugo, etc.), le bobo se faisant un devoir éducatif d'emmener sa progéniture au café, au concert, au cinéma, au théâtre et plus généralement dans tout lieu où il peut faire du bruit (signe de vivacité et de santé mentale pour le parent bobo), casser des objets et épuiser la patience des adultes.
4. Une phase de sécurisation et de lutte contre les nuisances sonores, qui vient en général à bout des derniers vrais gens qui avaient jusque-là résisté à la reconfiguration de leur ancien quartier.

Les signes qui doivent vous inquiéter

Vous devez commencer à paniquer et prendre les dispositions qui s'imposent si vous repérez l'apparition d'au moins trois des transformations suivantes (les mots soulignés correspondent aux symptômes les plus alarmants) :
• De nouveaux habitants ayant des **emplois créatifs :** publicitaire, DA, infographiste, designer, architecte, attachée de

presse, consultant en développement durable, concepteur de vêtements ethniques, éditeur de comics, organisateur de festivals, photojournaliste, etc.

• Une agence immobilière qui **retape des apparts** pour les revendre le double aux bobos.

• Au moins deux **boutiques-galeries-ateliers** dont vous ne comprenez pas ce qu'elles vendent ou ce qu'elles exposent.

• Un café Wifi avec des tables rondes de **différentes couleurs**, servant des tartes aux pommes, des pissaladières à la roquette et des **cupcakes bio**, en lieu et place du PMU Chez Roger ou du bar des Platanes (voir l'article précédent pour une description du bar PMU typique).

• Un **néo-coiffeur** (soit une boutique de coiffure qui ressemble de l'extérieur à un squat ou à une boutique de fringues ethniques).

• Une **cave à vin** et **un bar à brunch**.

• Un projet de **piétonnisation** complète ou de semi-piétonnisation du quartier, des stations de tramway et "le vélo" (le bobo adore les "circulations douces").

• Une boutique vendant des **vêtements vintage**, des sous-vêtements "upcyclés", ou du mobilier années 1970, de préférence **scandinave ou berlinois**, et pouvant également abriter un corner néo-coiffure.

• Une **association de cyclistes en colère** ou de déboulonneurs de 4 x 4 (le bobo exècre le 4 x 4).

• Une **agence de communication digitale**, de design ou de publicité.

• Un **vrai PMU** pour maintenir la fibre populaire du quartier et la présence minoritaire mais rassurante de vrais gens, tout en favorisant leur regroupement géographique dans un lieu identifié.

La note anti-parisienne

Le bobo, souvent incompris et moqué à Marseille, est volontiers confondu avec le Parisien, avec qui il partage certaines caractéristiques (ne pas avoir l'accent, porter des marinières et des vêtements en lin l'été, détester les cagoles, etc.). Comme souvent quand il s'agira de dénicher un fautif, de traduire un coupable ou, à tout le moins, de débusquer un complice, le Parisien constituera une cible toute trouvée… Vous pouvez donc lui mettre sur le dos toutes les transformations bobos de Marseille (mais aussi plein d'autres trucs, comme nous le verrons au fil de ce manuel). N'hésitez jamais à lui faire porter le chapeau. Et peu importe que notre Parisien vienne de Nantes, de Londres ou encore du pays d'Aix voisin, comme vous l'apprendrez en lisant l'article "Parisien" (voir p. 108).

Le mystère du vote bobo

Lors de la campagne municipale de 2014, un certain nombre d'articles de presse se penchaient sur le "swing sector" du 3e secteur, qui regroupe les 4e et 5e arrondissements de Marseille, annonçant un possible basculement à gauche de la ville grâce à l'afflux de populations bobos dans les parages. Au soir du premier tour, la nette avance du maire sortant UMP du secteur, Bruno Gilles (41,76 %) et le maintien au second du candidat du FN, douchaient ces espoirs à gauche.

Après la réélection de Jean-Claude Gaudin, certains observateurs ont tenté d'identifier ce vote bobo, et les raisons de sa faiblesse. La première raison pour laquelle le basculement à gauche ne s'est pas fait, c'est que le nombre de nouveaux arrivants (voir aussi "Néo-Marseillais", p.88) a peut-être été surestimé. La seconde, expliquée par le chercheur en marketing territorial et blogueur Fabien Pecot, est que ce phénomène s'étend en fait sur plusieurs arrondissements et secteurs : dans certains bureaux de vote à Noailles (1er), Notre-Dame du Mont (6e) ou aux Cinq-Avenues (5e), on a observé aux dernières municipales un fort vote PS et un bon score pour la liste "citoyenne" de l'ancien dirigeant de l'OM Pape Diouf. Avec cet espace qui s'étend sur plusieurs arrondissements et secteurs, "on obtient une bobosphère électorale cohérente avec ce que l'on observe sur place (bars, boutiques, lieux de vie, poussettes, etc.)", constate-t-il. Sur son blog Lagachon, l'auteur concluait que "la timide arrivée de quelques bobos en centre-ville, même boostée par une année capitale de la culture, ne suffit pas à transformer une ville pleine de misère en copié/collé de Lyon ou Lille[1]."

1. Lire aussi sur le blog Lagachon, "Municipales : le grand bar-tabac n'a pas tremblé", 24 mars 2014, et "La fable du vote bobo qui devait faire basculer Marseille à gauche", Slate.fr, 25 mars 2014, par l'auteur de ce manuel.

Zones de concentration bobo à Marseille

• Endoume – les Catalans, La Plaine, Saint-Victor, Réformés – Longchamp.
• Les boutiques de créatrices marseillaises.
• L'hyper-centre (Belsunce, Lieutaud, rue de Rome, etc.) pour les bobos hardcore ou particulièrement optimistes.
• Les galeries d'art du Panier.
• Le cours Julien – dit "cours Ju" – pour les concerts de groupes "pointus".
• Le Longchamp Palace, le Comptoir Dugommier et La Caravelle.
• La rue Francis-Davso et la rue Grignan (plus grosse concentration au monde de boutiques de chaussures pour bébé, ou plutôt pour "kids" de bobos, et de boutiques de déco néo-provençale).

De manière générale, restez vigilant dès qu'un quartier est évoqué de manière enthousiaste dans *Télérama*, *Côté Sud*, *Les Inrockuptibles*, *Libération* ou, pire, mentionné comme bon coin par une actrice parisienne, une chanteuse néo-popu comme Zaz ou une créatrice de mode possédant un pied-à-terre à Marseille.
Méfiez-vous également de l'implantation de tout équipement culturel de type cinéma (MK2 Canebière) ou musée (MuCEM), le bobo aimant par définition tout ce qui se rapporte de près ou de loin au "culturel".

Cagolitude

Les Marseillaises sont-elles (toutes) des cagoles?

Dans le souci de mieux connaître les différentes espèces de cagoles et pour mieux les protéger des transformations urbaines, le *Manuel de survie* vous propose une classification détaillée qui vous permettra de les repérer et de les admirer, qu'elles se déplacent seules ou en bande, mais toujours dans leur milieu de vie naturel.

Nous profitons de cette introduction pour préconiser l'aménagement de plages privées, de galeries marchandes et, bien sûr, de boîtes de nuit de bord de mer, véritables couloirs écologiques s'avérant propices à la biodiversité et à la conservation active de cette espèce locale.

La cagole historique ou varoise

C'est la cagole la plus célèbre, souvent abusivement confondue avec sa cousine de la Côte d'Azur, la bimbo, moins urbaine. Reconnaissable à son total look, constitué de vêtements et d'accessoires assortis entre eux avec un soin extrême, la cagole historique est toujours bronzée, maquillée, manucurée et courtement vêtue. Elle parle fort. Blonde naturelle ou décolorée, il se peut qu'elle utilise les techniques les plus modernes de la chirurgie esthétique pour maximiser ses atouts. Elle n'hésitera pas à recourir au traitement laser pour l'épilation de ses sourcils ou pour redéfinir le contour de ses lèvres. Elle aura plaisir à se faire tatouer des serpents ou des dragons au-dessus des fesses ou sur son omoplate gauche. Ses origines très anciennes lui valent le respect des autres espèces de cagoles, même si on regrette depuis quelque temps son extinction progressive des bords de mer, des bars aux noms de villes ou d'États américains et des salles de fitness portant également des noms américains (Fitness Center, New York Fitness, Sport Fitness Star, etc.).

Activités de cagole historique

- Bronzer
- Parler (notamment de ses problèmes gastriques et d'histoires de mecs)
- Boire des mojitos
- Faire du fitness en salle
- Mâcher des chewing-gums
- Aller à Bandol et à Cassis, voire à Saint-Tropez si elle a des amies bimbos
- Faire le régime Hollywood (raisins/ananas)
- Participer à des émissions de téléréalité

Lieux de vie (et de reproduction)

Le Var (foyer d'origine), Marseille, La Ciotat, l'étang de Berre, le littoral. Elle s'implantera tout particulièrement sur une plage, le quai d'un port, dans un cabanon, une paillote, un karaoké de plage, une terrasse ou un bar avec sono et vue sur mer.

Accessoires favoris

Créoles dorées, ceinture à chaîne dorée, parfums Thierry Mugler vanillés.

La cagole djeun wesh wesh, dite aussi "petite cagole"

Curieux mélange de culture R'n'B, de langage des cités et de marseillitude aboutie, la cagole wesh wesh n'a à peu près rien à voir avec son ancêtre du littoral varois ou bucco-rhodanien. Plutôt portée sur l'ensemble jogging-casquette, la wesh wesh n'en garde pas moins certains des traits caractéristiques de la cagole : bronzage et tatouage permanent des sourcils, piercings à foison, maquillage ultra-appuyé en été, nombril apparent, parfum généreusement partagé avec les passants du trottoir d'en face...

Activités de cagole wesh wesh

• Parler fort avec d'autres wesh wesh en remplaçant les "d" et les "t" par des "tche" ou des "dche" (exemple classique : "Tch'y a vu" pour "T'y as vu", "Gadchji" pour "Gadji").
• Arpenter la rue Saint-Fé (connue aussi sous le nom de Saint-Ferréol).
• Faire du shopping rue de Rome.
• Aller au McDo.
• Pianoter sur son iPhone.
• Rouler des joints en attendant le bus.
• Écouter de la musique à fort volume dans le bus sur son iPhone (de préférence sans écouteurs...).

Lieux de vie (et de reproduction)

Plutôt urbaine, la cagole wesh wesh s'épanouit dans les quartiers résidentiels Nord et Est, en périphérie de Marseille et dans les bus de la RTM, mais on observe de fréquents déplacements vers le bord de mer (Catalans, Pointe-Rouge, Escale Borély...) dès que le climat le permet.

Accessoires favoris

IPhone customisé, huile de bronzage, string ou maillot ficelle, gloss pailleté.

La typologie cagole est donc d'une finesse extrême et les descriptions qui précèdent ne sont fournies qu'à titre indicatif. Il existe des variations autour des modèles de base, et cette fiche pratique ne doit pas être considérée comme un panorama exhaustif.

Il aurait fallu rajouter la cagole rôtie (sur les plages de Bandol ou de Cassis), la brancho-cagole qui sort avec un serveur ou un DJ marseillais, et la modasse-gay-cagole du Sud, très appréciée des directrices de casting d'émissions de téléréalité.

La lecture de *Josy coiffure*, d'Anne-Marie Ponsot (éditions du Fioupélan), s'impose à tous les lecteurs qui souhaiteraient passer leur doctorat en cagolitude.

La cagole fashion ou bling-bling

Dans l'avant-propos de son *Bal des cagoles*, Philippe Carrese nous met en garde: "Malgré les tentatives de désinformation de la bourgeoisie locale, on trouve la cagole dans tous les milieux sociaux. Seules quelques caractéristiques flagrantes changent en fonction des différentes tribus." Être cagole étant avant tout un état d'esprit, on en rencontre des versions plus luxueuses au-delà des villes et des quartiers populaires, dans les 7e et 8e arrondissements, et jusqu'à Aix-en-Provence.

La cagole fashion, qui ne se vit pas comme telle, abhorre la vraie cagole qu'elle trouve "vulgaire". Sauf qu'elle partage avec son modèle historique la même stratégie: tout miser sur le physique. Plus subtile que la cagole classique, elle peut tromper l'observateur distrait. Quelques détails doivent tout de même vous alerter: des lunettes de soleil sur le front en toute saison, un bronzage appuyé, la tenue de boîte de nuit portée dès 11 heures du matin, des cheveux décolorés.

Activités de cagole fashion

• Pratiquer des sports tendance (Pilates, body attack, Power Plate, etc.) dans des salles aux noms américains (voir plus haut).

• Déjeuner dans des néo-snacks (voir "Snack", p. 159) et autour de l'Opéra.

• Sortir dans des bars lounge et des "afterworks" sur la Corniche ou à Aix.

• Prendre l'accent *jambon* (le "an" devient "on", ce qui donne phonétiquement "jombon"; cette vieille technique est utilisée par les Marseillais qui cherchent – souvent en vain – à masquer un accent trahissant des origines populaires).

Lieux de vie (et de reproduction)

Les intérieurs de 4 x 4, de Fiat 500, de Mini Cooper et de DS3, les open spaces, les agences immobilières ou événementielles, les ponts de voiliers et de yachts, le 8e arrondissement, Cassis, Aix, les bords de mer, à condition d'être à l'écart des autres cagoles (club select, plage privée, piscine à débordement, terrasse et bar d'hôtel étoilé, etc.).

Accessoires favoris

T-shirt loose blanc, débardeur branché sérigraphié, lunettes Dior, Chanel ou Ray-Ban (surtout les modèles "mouche"), leggings, toutes les marques italiennes.

La non-cagole

Élevées en milieu protégé et préservé, souvent dans des lycées privés, parfois même hors de Marseille, les non-cagoles représentent, selon les spécialistes, entre 2 et 80 % de la population féminine totale de la ville... La non-cagole marseillaise n'a pas de caractéristique permettant de l'identifier du premier coup d'œil. Son obsession : ne pas avoir l'air d'une cagole. Elle adoptera strictement l'inverse des codes cagoles pour ne jamais risquer d'être confondue avec l'une d'entre elles.

Accessoires favoris

Tout ce qui est épargné par les cagoles, c'est-à-dire au fond très peu de choses (citons le point de vue d'une Marseillaise confrontée aux difficiles arbitrages vestimentaires : "Il faut rester constamment vigilant, toute marque ou tout accessoire pouvant être rapidement adoptés par les cagoles").

L'alcool, un révélateur de cagolitude

Tel un détecteur de mensonges, l'alcool révèle parfois une cagolitude latente ou enfouie dans les tréfonds de la personnalité. Cela est particulièrement vrai pour la cagole fashion, dont l'accent pointu ou "jombon" aura tendance à disparaître après quelques verres, pour laisser place à une phonétique marseillaise plus prononcée. Ce truc fonctionne bien entendu aussi chez les Marseillais, cakes ou cagolons.

La note anti-parisienne

Contrairement à une légende infamante colportée par des guides touristiques mal intentionnés et des magazines féminins au parisianisme à peine voilé, la cagole n'est pas qu'une fille facile. Comme le notait en 2010 un journaliste anglais du *Guardian* fasciné par le modèle de féminité méridional, la cagole, au langage aussi coloré que la tenue, est l'antithèse parfaite du chic discret parisien et de son culte de la "petite robe noire". Opposée en tout point au mythe de la féminité raffinée à la française, la cagole est souvent mal comprise voire moquée par les touristes de passage et les nouveaux arrivants. Il faut pourtant comprendre que son indépendance d'esprit et son orgueil sont autant de remparts au machisme ambiant étouffant, qui leur impose de développer une forte personnalité pour survivre. La cagole étant donc selon tous les spécialistes le produit de cette lutte pour l'affirmation, on comprend mieux pourquoi son comportement est totalement inadapté dès qu'elle sort des limites de la région PACA.

Calanques

Comment bien profiter des calanques?
(et en revenir vivant)

Quand un Marseillais propose une "petite balade" autour de Marseille, tout le monde sait qu'il pense probablement à une randonnée pédestre d'une dizaine de kilomètres sous un soleil de plomb dans le massif des Calanques. Cette destination est d'autant plus redoutée qu'on y accède souvent depuis Callelongue, port qu'on surnomme ici "le bout du monde" de Marseille, non sans une lueur de panique dans les yeux.

Comprendre les subtilités de l'accès au massif en été

En théorie, accéder aux calanques est assez simple. En pratique, c'est quasiment impossible puisque de juin à octobre, c'est-à-dire pendant toute la durée de la saison touristique, l'accès au parc des Calanques est drastiquement limité lors de jours de vent et de forte température (sauf entre 6 et 11 heures du matin). Avant tout départ, il est indispensable de se rendre sur le site www.calanques13.com, de consulter le serveur vocal au 0 811 20 13 13, ou l'appli mobile "MyProvence Balade".

Vérifiez votre liste de matériel avant de partir

Par précaution, emportez avec vous :

• Des chaussures de marche (les tongs, claquettes, espadrilles, escarpins Louboutin ne sont pas adaptés).

• De l'eau, beaucoup d'eau... Car il n'y a AUCUN point d'eau dans ce massif qui s'étend sur 20 kilomètres de long et 4 de large.
• Un GPS pour retrouver le chemin du parking avant la nuit.
• Une corde et un baudrier pour descendre en rappel si la piste habituelle est fermée jusqu'à nouvel ordre.
• Un kit antivenin.
• Un flashball ou un fusil de ball-trap pour repousser les attaques de gabians (nom provençal du goéland leucophée) ou de panthère (voir "Faune", p. 56).
• Une balise émettrice pour que l'hélicoptère des secours ait une chance de vous retrouver.
• Un extincteur pour éteindre le départ de feu provoqué par le touriste qui vient de jeter sa clope.
• De l'argent liquide en très grande quantité pour régler l'addition dans les paillotes des calanques qui, par tradition, n'acceptent jamais la carte bleue.

Avertissement

La création d'un parc national des Calanques en 2012, après des années d'atermoiements sur son périmètre, a amélioré le balisage de la zone tout en multipliant les restrictions déjà nombreuses, en particulier : l'interdiction de fumer, de faire du feu, de camper, de pêcher dans les zones de non-prélèvement, de pratiquer le jet-ski ou de construire un complexe hôtelier 4 étoiles avec piscine à débordement, plage privée et piste d'hélicoptère.

Ultimes mises en garde

Imaginons à présent que, par chance, vous visitiez le massif hors saison, que vous ayez réussi à vous garer et que vous possédiez le matériel détaillé précédemment. Rappelez-vous alors les bonnes pratiques à respecter :
• Si vous partez de la Gineste, il est déconseillé de tourner à gauche au niveau du col de la Gardiole en arrivant de Marseille

ou vous pourriez vous retrouver dans le périmètre du camp militaire de Carpiagne, qui réalise de fréquents exercices de tirs de char à obus réels...

• En toute saison, il est fortement déconseillé de visiter la grotte Cosquer, située à 37 mètres sous l'eau et accessible à l'issue d'un parcours sous-marin dans un tunnel étroit long de 175 mètres. De toute manière, vous ne pourriez pas prendre de photos des peintures rupestres puisque votre iPhone 5c ne survivrait pas à un tel périple. En plus, elle est murée.

• Enfin, la charmante calanque de Sugiton, accessible depuis Luminy, est à déconseiller aux couples avec enfants...

Notre conseil

À partir de Marseille, optez pour une balade dans les calanques de Sormiou et Morgiou, et profitez-en pour vous rendre devant le monument le plus célèbre de Marseille : la prison des Baumettes.

Trousse de secours en Provence

En plus du matériel spécifique aux calanques, retenez que chaque Provençal emporte toujours avec lui une trousse de secours contenant : une feuille de sécurité sociale, un constat d'huissier en blanc, un abonnement d'un an à SOS Pizza, quarante points Esso, une tête d'ail ainsi qu'un pulvérisateur à la menthe forte, une paire de boules de pétanque avec leur cochonnet et un ramasse-boules aimanté, les œuvres intégrales de Mistral – au cas où il passerait devant une poubelle spécial papier –, un fusil à pompe – dans l'éventualité d'une visite imprévue à la banque – et un lance-roquettes – utile s'il croisait un fourgon de transport de fonds.

Capitale de la culture

Êtes-vous MP13 compatible ?

L'année 2013 n'a pas été un grand cru uniquement pour ses règlements de compte (voir p. 73). La ville a brillé, pour une fois, par son dynamisme culturel et son sens de la fête autour de l'événement "Marseille, Capitale européenne de la culture".
Séduisant environ 10 millions de visiteurs, l'ensemble des événements a été globalement salué par la presse française et internationale. Reste qu'à Marseille, le projet n'a pas suscité l'engouement général – le directeur de l'équipe chargée du programme et de l'organisation a même jeté l'éponge à mi-parcours. En 2013, il y avait ceux qui trouvaient que la programmation était trop *mainstream*, ceux qui trouvaient qu'elle était trop élitiste, ceux qui trouvaient qu'elle était trop chère, ceux qui trouvaient qu'elle était incompréhensible, sans oublier tous ceux, assez nombreux, qui n'en avaient rien à faire. Où vous situez-vous par rapport à MP13 ? Voici un petit test pour le savoir.

Quel est votre profil marseillo-capito-culturel ?

La culture à Marseille, ça vous évoque...

a. ❑ César, Macha Makeïeff et Philippe Caubère
c. ❑ Le fifre, le tambourin et la pastorale Maurel
d. ❑ Jean Roucas, Patrick Bosso et David Guetta
b. ❑ Keny Arkana, Rudy Ricciotti et Jean-Claude Izzo

Un samedi à Marseille, pour vous c'est plutôt...

b. ❑ Stage musiques du monde au cours Ju avec atelier tablas et apéro-mix à la Friche
a. ❑ Exposition au MuCEM sur les techniques agraires ancestrales en Camargue
c. ❑ Loto et brocante à La Bouilladisse
d. ❑ Virée familiale à Grand Littoral ou à Plan de Campagne

Un dispositif sonore dans un conteneur qui déconstruit le rituel de l'apéro au Port autonome c'est...

a. ❑ Un projet ambitieux
b. ❑ Un projet élitiste
c. ❑ Y aura quand même à boire sur place ?
d. ❑ Mais comment on se gare là-bas ?

TransHumance, l'événement de 2013 durant lequel chevaux et moutons sont descendus en ville, c'était pour vous...

b. ❑ Un dérèglement écologique et une souffrance pour les animaux
a. ❑ L'occasion de faire dialoguer la Provence intérieure et le littoral méditerranéen
c. ❑ Un événement assez bordélique
d. ❑ Un problème de stationnement

Euroméditerranée, pour vous c'est...

a. ❑ Un quartier de renouveau urbain riche en offre culturelle
c. ❑ Un quartier moderne, c'est bien pour celui qui aime
b. ❑ Un temple du néolibéralisme triomphant
d. ❑ Un quartier où pour une fois il y a assez de places de parking

Le bilan de MP 2013, c'est d'abord...

a. ❑ Un changement en profondeur de l'image de la ville
b. ❑ Une occasion de tisser du lien social
c. ❑ 600 millions d'euros payés par les contribuables
d. ❑ Un problème de stationnement

Réponses

Vous avez une majorité de a

Vous êtes un évangéliste de Marseille Provence 2013, Capitale de la culture. Pour vous, la ville a su changer d'image, entrer fièrement dans le XXIe siècle et s'imposer sur la carte des destinations culturelles qui comptent en Europe grâce à une ambitieuse opération de branding territorial. Vous êtes sans doute vous-même artiste, curateur d'expo ou ancien concepteur de l'événement.

Vous avez une majorité de b

Vous êtes très porté sur les activités culturelles et vos références pointues sont plutôt tournées vers les arts de la rue, le hip-hop et la culture urbaine. Vous regrettez que MP13 se soit focalisé sur l'offre artistique internationale pour un public aisé au détriment des artistes locaux et de la population. Vous voyez surtout l'année Capitale comme une opération de communication visant à vider Marseille de sa population pauvre. Vous êtes sans doute un militant marseillais (voir p. 84).

Vous avez une majorité de c

C'est pas que vous soyez contre, mais vous restez sceptique sur le pourquoi du comment de toute cette agitation autour de l'événement Capitale. Vous faites partie du public éclairé qui ne dédaigne pas une petite expo de temps à autre, mais les projets conceptuels ou abstraits, très peu pour vous.

Vous avez une majorité de d

Vous vous remémorez l'année 2013 avant tout comme une suite de chantiers et de longs périples automobiles à la recherche d'une place disponible pour vous garer. En outre, vous ne comprenez pas pourquoi on a construit autant de musées alors que les travaux du stade Vélodrome ont tellement traîné... Vous êtes probablement un cake (voir p. 51) ou une cagole (voir p. 24).

Comment compter les visiteurs du MuCEM ?

Ouvert en juin 2013 au beau milieu de l'année Capitale de la culture, le musée des Civilisations de l'Europe et de la Méditerranée (MuCEM) est rapidement devenu le bâtiment emblématique du renouveau culturel et architectural de Marseille. Le musée a été conçu par l'architecte Rudy Ricciotti, qui a eu la bonne idée d'en faire non seulement un espace culturel mais aussi un lieu de promenade, qui peut se traverser gratuitement, grâce à sa rampe périphérique en pente douce qui permet de longer le bâtiment du sol au toit-terrasse et d'emprunter la passerelle donnant accès au fort Saint-Jean. D'où un décompte à la marseillaise de sa fréquentation : il suffit d'y passer pour être comptabilisé parmi les visiteurs. Par exemple en septembre 2013, le musée annonçait son millionième visiteur alors que les espaces d'exposition (payants) avaient, eux, accueilli 300 000 personnes. Ce qui est loin d'être négligeable !

Pour le premier anniversaire de son inauguration, fêté le 4 juin 2014, le musée annonçait ainsi 2,6 millions de visiteurs. Ce qui ne peut que faire plaisir à *Marseille, Manuel de survie*, dont les 352 000 exemplaires déjà vendus (chiffres approximatifs) sont largement dus à la librairie du musée !

Mode d'emploi : je crée mon festival marseillais

1. Choisissez au moins un mot qui fasse sud : Méditerranée, mer, soleil, port, fiesta, etc.
2. Prenez un créneau encore libre dans l'agenda festif local ; le festival marseillais populaire se décline aussi en grandes parades méditerranéennes comme la Marcéleste ou la Massalia, et bien sûr en méga-événement euro-méditerranéen comme Marseille-Provence 2013, Capitale européenne de la culture.
3. Conceptualisez votre événement. Vous avez le droit d'innover, mais pas de vous écarter de la contrainte thématique : créer un rapprochement entre les peuples des deux rives, célébrer la Méditerranée, œuvrer à la coordination euroméditerranéenne de la création contemporaine, faire dialoguer les deux rives ou défiler pour fêter la joie du vivre-ensemble, enfin, ce genre de choses.
4. Inspirez-vous des exemples suivants, gracieusement proposés par le *Manuel de survie* : la Protis Pride, la Nuit du Sud, la Fête du Bled, la Parade du Port, la Fanfare du Midi, le Massalia-Mix, les Bacchanales maritimes, la Partouze céleste, etc.
5. Bien entendu, n'oubliez pas de déposer un dossier de subvention auprès des différents organismes publics, tout en précisant votre degré de parenté avec les élus en charge de la culture.

ZONE URBAINE SENSIBLE

ZUS

Pourquoi le Panier reste "ingentrifiable" (pour l'instant)

Le Panier a fait l'objet depuis le début des années 1990 d'une opération de réhabilitation. Depuis *Plus belle la vie*, qui utilise la place des Treize-Coins comme inspiration pour le quartier fictif du Mistral, les touristes innondent le quartier. Dans le sillage des rénovations et constructions qui se sont succédé en 2013, l'ancien hôpital historique, l'Hôtel-Dieu, a été transformé en palace cinq étoiles. Les boutiques qui ouvrent sont plus souvent des galeries d'artisanat ou d'artistes que des commerces de proximité, destinées à une clientèle plus touristique que locale.
Jouxtant le périmètre de la grande opération de rénovation urbaine Euroméditerranée, entamée en 2005 et prolongée au nord en 2012, le Panier est encerclé par le changement et deviendrait bientôt *the place to be*. Quartier historique en hauteur, alternant ruelles étroites et charmantes placettes, le cœur historique de Marseille dispose d'un potentiel incroyable du point de vue immobilier, et les Marseillais critiques (c'est-à-dire tout le monde) craignent périodiquement qu'il perde son charme populaire d'antan. Qu'ils se rassurent… Les loyers ont certes augmenté, mais la taille des logements, le fait que le quartier soit difficilement accessible autrement qu'à pied et sa mauvaise réputation expliquent que le changement ne soit pas autant au rendez-vous qu'espéré. Les spécialistes estiment plutôt que la gentrification du Panier reste marginale, étant encore loin d'être le Montmartre ou la Croix-Rousse de Marseille qu'on annonçait !

Code de la route

Connaissez-vous vraiment le Code de la route marseillais?

Le meilleur ami du Marseillais, c'est sa voiture. Pour se rendre au boulot, sortir le soir, aller à la plage, au cinéma ou en expédition familiale à Grand Littoral ou La Valentine, l'automobile reste en effet le moyen de transport privilégié... Cet amour immodéré pour la conduite en ville est la cause d'un encombrement permanent, généralement combattu par la construction d'un nouvel axe, d'une nouvelle bretelle ou d'un nouveau tunnel, qui devient lui-même saturé en quelques jours.

Comment se rendre d'un point à un autre ?

La méthode plan-plan

Partez de très bonne heure (au minimum à 4 heures du matin). Prévoyez de l'eau et quelques aliments vitaminés, ainsi qu'une trousse de survie. Prévenez au moins deux proches de votre départ. Demandez-leur d'appeler la police s'ils n'ont pas de nouvelles de vous au bout d'une journée. Si vous êtes perdu, ralentissez, mais ne vous arrêtez sous aucun prétexte. Évitez de demander votre chemin à un inconnu.

La méthode go fast

Sur un plan de la ville, repérez votre point de départ, puis votre point d'arrivée. Ensuite, tracez une ligne droite entre ces deux points. Il vous suffit de lire le plan tout en conduisant assez rapidement pour échapper aux forces de l'ordre, ce trajet comportant forcément des sens interdits, des voies interdites à tous véhicules, des pistes cyclables, des rues piétonnes et des vitrines de magasins... Notre conseil: comme le véhicule n'en sortira pas indemne, il est préférable d'"emprunter" celui d'un riverain avant de vous lancer.

La méthode télétransportation

C'est la méthode que nous vous conseillons, car elle reste la moins dangereuse. Il vous suffit de lire un bon roman de science-fiction, de boire un litre de pastis (pur) et tout se fera tout seul, dans la bonne humeur, à tel point que vous vous demanderez, en vous réveillant à l'hôpital: "Mais comment ai-je pu arriver ici aussi vite?"

Trucs et astuces

Il est aussi fortement déconseillé de tomber en panne, de freiner brutalement ou de mettre votre clignotant, car personne ne croira que vous voulez vraiment tourner à droite ou à gauche.

Ne vous fiez pas à votre GPS. D'incessants travaux surgissent sans préavis partout dans la ville et rendent votre appareil inefficace.

Le code de la route marseillais: quelques mises en garde utiles

• Stationnement du véhicule

Une fois arrivé à destination, garez-vous selon les règles marseillaises: double file, triple file ou, si ces emplacements sont déjà pris, sur les rails du tramway.

• Conduite nocturne

Dans la mesure du possible, évitez de circuler la nuit car les feux rouges ne sont plus respectés et certains véhicules roulent au-dessus de 100 kilomètres à l'heure. Cet avertissement s'adresse aussi aux piétons. L'espérance de vie d'un piéton senior à Marseille est généralement de trois heures ; elle passe à deux heures la nuit et chute à une heure seulement s'il téléphone en marchant.

• Convivialité au volant

Ne faites jamais de gestes de réprobation, ne répondez aux insultes sous aucun prétexte. Rappelons à ce sujet que l'expression "Va te faire enc..." est une adresse amicale, fréquente, à laquelle il ne faut pas attacher une quelconque menace de passage à l'acte.

Précisons qu'envoyer les phares peut vous mener à l'hôpital. Par exemple : vous roulez sur l'autoroute et vous voulez que le véhicule qui vous précède se rabatte. Pour cela, vous faites un appel de phare. Il est alors possible que la voiture de devant pile en pleine file de gauche sur l'autoroute. Si le conducteur et le passager sortent de leur voiture armés d'une batte de baseball et d'une barre de fer, inutile de vous affoler, ils devraient se contenter de casser votre pare-brise, vos vitres latérales, vos phares, votre capot, les portières, le toit, l'antenne radio et les feux arrière. S'ils vous crachent dessus, respirez. C'est le signe qu'ils vous laissent la vie sauve. Remerciez alors votre médaillon de saint Christophe, qui restera le seul accessoire encore intact de votre véhicule.

• Gestion prévisionnelle du trafic

Écouter la radio (notamment France Bleu Provence) pourra vous être utile ponctuellement, mais ne sera le plus souvent qu'une simple distraction dans la mesure où, aux heures de pointe, toute la ville est bloquée.

Déco (néo-provençale)

Comment marseillaniser son appartement?

Les lecteurs qui lisent ce manuel dans le désordre ou à l'envers savent déjà, depuis la page 88, qu'il est hasardeux d'acheter sur plan un appartement de standing avec double garage, digicode et portail électrique dans un néo-ghetto marseillais éloigné de toute vie de quartier... L'alternative idéale pour le nouvel accédant consiste à s'installer dans un quartier central. Alors que les Marseillais fuient la zone à cause du bruit, de l'exiguïté des rues et des difficultés pour se garer, le nouvel arrivant est souvent friand de ce morceau d'authenticité en plein centre-ville. Or, qui dit centre de Marseille dit "trois-fenêtres", appartement typique du XIXe siècle[1].

Pour décorer son "trois-fenêtres", l'esthète respectueux du style local a deux solutions à sa disposition : composer son propre "kit", néo-marseillais ou authentique™.

---

1. En 1847, la municipalité marseillaise fixa la largeur des nouveaux immeubles à bâtir à 7 mètres. Cela correspondait à la longueur des mâts de bateaux qui arrivaient des Alpes par flottage sur la Durance.

Composez votre kit néo-marseillais

Le kit néo-marseillais donnera à votre intérieur l'aspect provençal idéalisé des magazines de déco et des chambres d'hôtes à 400 € la nuit: l'idée générale est de développer un style épuré, moderne voire déstructuré, tout en gardant une pointe folklorique et ironique aux accents thym-romarin.

Au sol

Le sol doit être en "malons" (ou tomettes), dont la forme hexagonale rappelle les rayons des ruches d'abeilles. L'hypothèse qui prétend que ces malons reprennent la forme de la France a été émise par quelqu'un qui ignorait manifestement tout de la mentalité marseillaise...

Dans la cuisine

Un véritable appartement marseillais a une cuisine dotée d'une "pile". La pile (de "pila", mortier en latin) est un évier sommaire constitué d'un bac rond et peu profond, très malcommode et taillé dans la pierre de Cassis. La pile fut un marqueur de richesse au XIXe siècle, mais aujourd'hui les Marseillais s'en séparent volontiers au profit d'une installation moderne.

Dans la salle de bain

Un gros bloc de savon de Marseille 72 % (d'huile d'olive) trônant intact.

Le mobilier

Vous devez agencer votre appartement dans les moindres détails en ayant à l'esprit qu'à tout instant, un photographe de *Côté Sud, Arts & Décoration* ou *Maison & Travaux* peut débouler à l'improviste et faire un shooting de votre intérieur pour le grand concours estival “Je gagne une pergola provençale”. Pensez au radassier, la banquette traditionnelle, revue et corrigée par un designer en vue, agrémentez votre mobilier de vases vert olive, rajoutez quelques belles pièces de ferronnerie à plus de 500 € l'unité achetées rue Grignan ou rue Paradis, et le tour est joué! L'essentiel étant de ne pas surcharger l'ensemble pour conserver l'épure des lignes.

Dans le salon

• Une affiche de Dubout, de la compagnie PLM (chemins de fer de Paris à Lyon et à la Méditerranée), de l'Exposition coloniale de Marseille de 1906 ou d'une pub vintage des ascenseurs de Notre-Dame de la Garde.

• Des raviers d'aïoli, de tapenade, de rouille et de caviar d'aubergine du traiteur doivent être placés sur une table basse en céramique pour faire face à tout apéritif dînatoire imprévu.

À l'extérieur

Si avez la chance de posséder un jardin donnant sur une cour intérieure, ne négligez pas son agencement et investissez-le à grand renfort de coussins de jardin, de photophores, de mobilier en pierre ou en métal faussement rouillé, etc.

Exercice pratique de résistance aux critiques locales sur la déco de votre habitat

Le problème, c'est qu'avec ce kit vous avez cru bien faire, ignorant que vous êtes du fait que les magazines de déco néo-méditerranéenne ne sont lus QUE par des gens du Nord, c'est-à-dire des Parisiens (p. 108), et par leurs alliés naturels en matière de décoration, les Aixois.
Alors comment vous préparer aux critiques que ne manqueront pas de vous faire vos amis locaux (si par bonheur vous réussissez à vous en faire) lorsqu'ils viendront pour la première fois dans votre appart ? Comment affronter le fou rire des différents corps de métiers participant à votre installation (électricien, plombier, plâtrier, maçon – à condition que vous en trouviez) ? Voici quelques conseils pratiques et mises en situation pour vous préparer à affronter sans trop de dommages collatéraux les humiliations avilissantes auxquelles vous allez être soumis par certains autochtones parfaitement hermétiques à votre sens esthétique.

Bien décrypter les remarques des Marseillais

• Si le visiteur vous lance un admiratif : "Wow ! C'est moderne !", comprenez : "C'est horrible, comment peut-on vivre dans une boutique de déco à la con ?"
• Si l'on vous dit : "Je sais pas qui va laver les vitres mais j'espère que vous avez trouvé quelqu'un !", attention, vous êtes en plein clash culturel. Sachez en effet que si vous, pauvre nordiste, avez fait l'erreur d'agrandir les ouvertures pour faire entrer le soleil dans la maison, les Marseillais •••

eux, les réduisent au maximum pour EMPÊCHER le soleil d'entrer.

• Si l'on vous dit à propos de votre mobilier de terrasse en métal artistiquement patiné :"Vous n'avez pas peur que ça rouille ?", comprenez que vous êtes perçu comme un fada infréquentable qui achète des meubles abîmés au prix du neuf.

• Si l'on vous sort pour finir : "Ho, ça sera beau quand y aura les meubles !", il vous faudra du courage pour lutter contre la dépression. Votre interlocuteur est en effet persuadé que vous allez meubler très rapidement cet espace que vous avez désiré pur, sobre et harmonieux.

Si vous ne souhaitez pas aggraver votre cas, évitez les phrases suivantes :

"C'est un grès (bien appuyé, le "è") fait par un formidable artisan des Cévennes. Il ne peut fournir que 15 mètres carrés par an ! Ah oui ! Ça c'est vrai que pour l'entretien, bonjour ! Mais il faut ce qu'il faut, quand on aime !", ou bien "On adore chiner ! N'est-ce pas, chérie ?", et encore "Les brooocaaantes en Prooovеееnce c'est génial !"

Composez votre kit authentique™ (certifié 100 % marseillais)

Seul le kit authentique™ atteste de l'authenticité marseillaise du lieu. En le choisissant, vous jouez la sécurité. Seront bien visibles depuis l'entrée :

• Une clef de cabanon (au besoin, achetez un cabanon), sorte d'énorme clef pour serrure ancienne, ornée idéalement d'un porte-clefs en forme de navire sommairement taillé dans une écorce de pin maritime.

• Aux murs, pour seule décoration, des tableaux d'Ambrogiani.

• Deux écharpes de l'OM accrochées à un portemanteau. Ces accessoires, sachez-le, ne sont pas suffisants pour vous classer comme supporter du club. Elles ne sont là que comme amulette de protection de votre domicile, indispensable afin de ne pas vous faire agresser par les différentes personnes pénétrant chez vous sans y avoir été invitées (releveur de compteur Yankee, facteur Ultra, plombier MTP, peintre Dogder, déboucheur de toilettes South Winner, etc.).

• Une plaque en céramique gravée d'une devise en provençal. Exemple : "Lou souleou mi fa canta !" ("Le soleil me fait chanter !").

Dans la bibliothèque

La Bible, les œuvres complètes de Frédéric Mistral et de Marcel Pagnol (aux éditions Pastorelly, illustrées par Dubout), la version poche écornée d'*Une année en Provence* de Peter Mayle, ainsi que la collection complète des *Cahiers du Sud* aux pages non coupées...

Dans le bar

• Le bar est constitué d'une table roulante, avec les bouteilles en dessous et les gâteaux d'apéritif dessus.

• À prévoir : une bouteille de Noilly Prat, une de Picon et une de Gambetta, et la gamme complète des pastis, afin de respecter les choix quasi religieux de chacun (au minimum : Casa, Ricard, 51, Berger).
• Disposer aussi d'une carafe en terre cuite jaune et d'un service siglés Ricard, idéalement la série signée Garouste et Bonetti.

Dans la cuisine
• Des cendriers de grands magasins marseillais aujourd'hui disparus : Aux Dames de France, Le Magasin Général, Les Deux Frères.
• Des assiettes de Moustiers ou de Cléricy posées verticalement au-dessus du buffet.
• De l'ail en tresse dans la cuisine.

À l'extérieur, côté rue
• Des barreaux aux fenêtres du rez-de-chaussée. Attention, cela peut choquer les touristes venant de pays (relativement) épargnés par la délinquance.
• Un décrottoir au sol devant la porte d'entrée de l'immeuble. Un pêcheur de L'Estaque, ami de Fernandel (qui habitait alors avenue Foch dans le 16e à Paris), lui aurait dit : "Toi, Fernand, dans ton 16e de Paris, tu t'essuies les pieds avant d'entrer, ben moi, dans mon 16e de Marseille, je me les essuie avant de sortir !"

À l'extérieur, côté cour
• Un kit barbecue-rôtissoire d'été en pierres et un bar avec un comptoir en voliges vernies foncées, placées verticalement, et, sur le dessus, un Vénilia adhésif au motif feuilles et fruits de l'olivier.

Dressing (100 % marseillais)

Comment s'habiller en Marseillais ?

Si au premier abord cela a l'air très simple, s'habiller en Marseillais pour se fondre dans le décor urbain nécessite une bonne connaissance des pratiques locales, ainsi que de fréquentes virées dans les boutiques de fringues, véritables icônes de la culture marseillaise. Le style de la Marseillaise typique ayant déjà été abordé (voir "Cagolitude", p. 24), nous nous concentrerons cette fois sur l'individu mâle 100 % marseillais, celui-ci étant aussi souvent désigné sous le nom de "cake" (le masculin de cagole).

Principes généraux à respecter

1. Portez des lunettes à tout moment de la journée et en toute saison. S'il n'y a pas de soleil ou que vous êtes à l'intérieur mettez-les en serre-tête ou coincez-les sur le col de votre t-shirt, l'essentiel étant qu'elles soient bien en vue.
2. Laissez le plus de parties de votre corps à l'air libre : pieds, bras, torse et, bien entendu, poils, doivent être exposés le plus possible pour conserver un bronzage en toute saison et attirer l'attention des Marseillaises, même de loin.
3. Abonnez-vous à une salle de sport pour maximiser l'effet de vos nouvelles tenues marseillaises.

BIEN COMPRENDRE LES COUTUMES LOCALES

Le tombé du camion

Le Marseillais qui a des relations se targue d'avoir dans sa garde-robe au moins un t-shirt de marque tombé du camion... Tradition millénaire marseillaise, le tombé du camion est une filière d'approvisionnement très appréciée localement. Allant du simple négoce au noir d'imitations de marques italiennes au recel des fruits d'un braquage, ce commerce informel est l'apanage de personnes bien informées qui connaissent les bons plans. Tout Marseillais dresse l'oreille à la simple évocation d'un plan tombé du camion, même s'il risque de se faire escroquer ou qu'il n'a pas besoin de la marchandise revendue, l'essentiel étant de pouvoir dire ensuite : "J'ai eu ça par un business, cherche pas, tu connais pas."

Le dressing idéal du cake

Le jogging

De marque Adidas et souvent aux couleurs de l'OM, il magnifie l'élégance naturelle du cake marseillais, même s'il se porte aussi au féminin avec des couleurs adaptées (voir notamment "La cagole djeun wesh wesh", p. 26).

En été, le jogging est utilement remplacé par le bermuda de bain à fleurs, de préférence de couleur vive, ou le short de club de foot qui peut se porter dépareillé avec un t-shirt d'une autre équipe de foot ou, mieux, sans t-shirt du tout.

Où le porter ?

À toute heure de la journée et en toute occasion : entretien d'embauche, rendez-vous à Pôle emploi, dégustation de kebabs boulevard Dugommier, virée en bagnole au tabac de la Canebière, shopping à La Valentine ou à Plan de Campagne, etc.

Nos conseils

Le jogging se porte TOUJOURS avec une sacoche.

Ne confondez pas le jogging avec le pyjama, lui aussi très prisé de certains Marseillais lorsqu'ils évoluent dans un rayon de 300 mètres autour de leur domicile.

Le t-shirt de marque (de cake)

Il y a bien entendu les incontournables CK, Pepe Jeans, Guess, G-Star (et, plus généralement, tous les t-shirts de jeaners : Diesel, Levi's, etc.). Ce choix est tout indiqué pour une sortie en boîte de littoral (voir "Nuit", p. 95). Vous pouvez délaisser les marques les plus en vue à condition de choisir un t-shirt avec une inscription en anglais telle que : American Style, California Feeling, University of Michigan, US Marshall, etc. Sans oublier le t-shirt en V, idéal avec le treillis militaire.

Où le porter ?

En salle de sport lors d'une séance de muscu, en boîte à Bandol ou sur la Gineste à l'occasion d'un rodage de moto ou d'Audi TT.

Le maillot de foot

N'oublions pas l'ultra-classique mais toujours bienvenu t-shirt de l'OM. Attention ! Le sponsor officiel a tendance à changer fréquemment (exemples de sponsors en négociation : Dubaï Inc. Real Estate – immobilier d'affaires et de luxe –, Royal Kebab – fast-food gastronomique –, www.presque_jamais_servi.net – site d'électroménager de seconde main –, Casinos du Frioul – jeux et paris en ligne –, etc.). Le must du footeux consiste cependant à porter le maillot de l'équipe nationale du joueur vedette de l'OM, et non de l'équipe elle-même (c'est très subtil et seuls les connaisseurs apprécieront la démarche).

Où le porter ?

Partout.

Le t-shirt publicitaire

Le t-shirt à l'effigie d'une marque de boisson, de moto, de matériel hi-fi ou d'une chaîne de supermarchés est un incontournable de la garde-robe marseillaise. Exemples : Corona Extra, Philips, Harley-Davidson, Spar, Ericsson, Franprix, etc.

Où le porter ?

• En semaine : dans la rue, pour sortir les poubelles, aller au tabac ou à la boulangerie, pour siester sur un banc...

• Le dimanche : à la plage, au centre commercial, ou pour une partie de boules entre copains.

Le t-shirt "made in Marseille"

Le Marseillais aime la marque, mais ce qu'il aime encore plus, c'est la marque qui vient de chez lui. Rien de plus hype en

La note anti-parisienne

Le Parisien, (puisque c'est encore de lui qu'il s'agit), pense souvent que le style marseillais est celui de Raimu dans la trilogie de Pagnol. Il trouvera ainsi cool d'arborer un produit local typique comme un maillot de corps en coton blanc, un t-shirt "Marseille" (à ne pas confondre avec le t-shirt *made in Marseille*, qui est un truc d'initiés) et tout vêtement à rayures bleues et blanches (marinière, bermuda, t-shirt). Accessoires recommandés : le foulard, le panama, le pull (sur les épaules).

soirée qu'un t-shirt *made in Marseille* (voir p. 75). Les marques marseillo-provençales se déclinent en plusieurs styles : Wesh La Famille pour les rappeurs et les wesh wesh, Kulte ou American Vintage pour les branchés-bourges, Audigier ou Kaporal pour les culturistes, etc. Le top étant de porter des marques confidentielles aux collections limitées, histoire de pouvoir dire : "Ouais, c'est des gars de Marseille que je connais qui font ça."

Où le porter ?

Dans les bars, les boîtes, les clubs et les cercles, etc.

La chemise

Portée largement ouverte comme chacun sait, la chemise est blanche, rose ou bleue. Elle représente en général le summum du bon goût marseillais, surtout en soirée. La version bicolore, ton pastel avec col blanc, est le must absolu.

Où la porter ?

Pour les grandes occasions seulement.

Faune

Faut-il avoir peur de la faune locale ?

Marseille est une ville, certes, mais c'est avant tout une calanque naturelle entourée de collines sauvages et confrontée à un climat souvent extrême, un territoire inhospitalier peuplé d'une faune locale des plus redoutables. Les accidents aux alentours de Marseille font malheureusement souvent la une des journaux... Et encore, la presse ne recense qu'une infime partie des dangers mortels liés à cette nature hostile, parmi lesquels on peut citer (liste non exhaustive) :

Les noyades, les hydrocutions, les accidents de plongée, les insolations, les brûlures aux deuxième et troisième degrés, les requins mangeurs d'homme, les dévissages de parois des calanques, les fractures du col du fémur des randonneurs du quatrième âge, les sauts à l'élastique low-cost ou vendus en coffret "Évasion week-end", les hélices de hors-bord, les accidents de "balconing", les suicides collectifs de sectes ou de groupes new age provençaux, les repliages intempestifs de chaises longues, les piqûres de guêpe, de vive, de méduse, de scorpion, de vipère et de cigale, toutes mortelles pour les allergiques.

BON À SAVOIR !

Mistral : 80 jours par an
Soleil : 3 000 heures par an
Vols de voiture ou de scooter : Toute l'année

Conduite à adopter en cas de morsure, de piqûre ou de brûlure par un animal provençal

1. Évitez de paniquer.
2. Si vous êtes entouré ou que vous vous trouvez dans un lieu public, demandez où sont les secours. Si vous êtes perdu dans une colline provençale, retenez la prononciation :
   A. En provençal, si vous vous trouvez à proximité d'une communauté de félibres : "li secous",
   B. En occitan-langue d'oc, si vous êtes près d'un institut de recherches occitanes : "lei secors".

Liste des animaux à risque dans Marseille et ses environs immédiats

La guêpe et l'abeille

Pour distinguer l'abeille de la guêpe, il suffit de regarder son corps de près. S'il est uni, c'est une abeille. S'il est jaune et noir, c'est trop tard. À noter que les champs de lavande de Provence, si attirants, sont l'occasion pour les touristes de savoir s'ils sont ou non allergiques aux piqûres groupées des essaims d'abeilles.

La sardine

Comme tout amateur de cliché sur Marseille ne manquera pas de vous le rappeler, une sardine peut déclencher sur le port une réaction en chaîne aux conséquences dramatiques pour l'économie de la ville. Pourtant, elle agit seule et elle est rarement syndiquée.

La panthère des calanques

Gros chat de couleur noir ayant fait, au cours de l'été 2004, les gros titres de la presse locale, des promeneurs ayant cru voir une panthère rôder dans le massif des Calanques... Voilà bien le problème avec les Marseillais : quand on veut oublier les clichés qui leur collent à la peau, ils en remettent des tonnes à la première occasion !

L'esque accroché à l'hameçon souffre-t-il ?

Au 24, rue de la Loge, derrière la mairie, les pêcheurs matinaux peuvent compter sur un équipement unique à Marseille : Appâts Express, le distributeur automatique d'esques ! Rappelons que l'esque est un petit ver d'apparence répugnante, une créature repoussante mais très sociable qui vit en groupe dans son habitat naturel, la boîte en carton. La performance du distributeur Appâts Express tient au fait que les vers fournis sont bien vivants, ce qui nécessite une température contrôlée et une date de péremption à surveiller de près.

Se pose donc la question de la douleur ressentie par cette pauvre créature. Or, le gouvernement norvégien a mené une sérieuse étude sur le sujet de la souffrance des vers accrochés à l'hameçon, dont les résultats ont été publiés en 2005. Selon les conclusions de cette analyse, le système nerveux des invertébrés est bien moins complexe que celui des vertébrés, et la taille de leur cerveau bien trop petite pour pouvoir transmettre des signaux associés à la douleur. Ce qui expliquerait qu'un ver coupé en deux peut poursuivre sa route... Vous pouvez donc continuer à utiliser les esques la conscience tranquille. Pour tout savoir sur ce curieux ver emblématique de la culture locale, lire aussi *Soupe d'esques*, aux éditions du Fioupélan.

La vipère

Pour distinguer la vipère de la couleuvre, il suffit de regarder sa tête de près. Si elle est ovale, c'est une couleuvre. Si elle est triangulaire, c'est trop tard.

Le phacomochère

Popularisé par le réalisateur Christian Philibert (adulé localement pour ses *Quatre saisons d'Espigoule*), le phacomochère est une bête étrange de 100 kilos minimum, qui sème la terreur dans les collines provençales.

La cigale

Sujet écologiquement sensible et acoustiquement insupportable. Symboles de la Provence, les cigales ont en commun avec les touristes d'arriver l'été, de faire du bruit et d'emmerder les Provençaux pendant la sieste. Nous conseillons aux touristes de ne jamais employer le terme "grillon" quand ils évoquent le chant des cigales. À noter que, pour les espèces en plâtre, les nuisances sont surtout d'ordre esthétique, même si, à cause du progrès technique et du *made in China*, certains modèles sont à présent sonorisés...

Le scorpion

Mise en garde à l'attention des néo-Provençaux: avant d'acheter un mas, une ruine ou une bastide de l'arrière-pays, soulevez la première pierre du jardin de la propriété, mesurez la taille du scorpion noir qui s'y cache et vérifiez sa dangerosité auprès d'un entomologiste local avant de faire votre choix ; utilisez éventuellement cet argument pour négocier un rabais.

C'EST BON, ROGER !
FINI PARTI...
ON VA AVOIR DES
PROBLÈMES AVEC LE
SYNDICAT !
BLAM
BLAM
BLAM

Fini-parti

Faut-il faire les choses à la marseillaise ?

Le "fini-parti", qu'est-ce que c'est ?

C'est la méthode révolutionnaire de gestion du temps de travail adoptée de longue date pour le ramassage des "OM" (ordures ménagères). Concrètement, l'équipe de releveurs (d'éboueurs) est autorisée à accomplir sa tâche en un minimum de temps, et peut ainsi ne travailler qu'une vingtaine d'heures tout en étant payée trente-cinq. De plus, le fini-parti permet de se livrer à une seconde activité pour compléter ses ressources. Les adversaires de la méthode la stigmatisent en la rendant responsable de la saleté de la ville. D'autres (les syndicats) considèrent le fini-parti comme un acquis social.
À chaque élection municipale, promesse est faite par chaque candidat d'en finir avec ce système archaïque... qui bien entendu perdure après l'élection. Mais en avril 2014, la cour administrative d'appel de Marseille a rendu un arrêt historique : le système du fini-parti a été jugé illégal. Nul ne sait cependant si les préconisations des juges seront appliquées, ni si les bennes seront désormais munies de limitateurs de vitesse !

Le fini-parti dans les hôpitaux

Malheureusement, cette pratique est désormais monnaie courante dans les blocs opératoires. Certains chirurgiens et leur équipe, déjà débordés dans un passé proche, ont désormais divisé par deux les temps opératoires, ce qui leur permet d'aller faire du bateau l'après-midi. C'est pourquoi les infirmières surnomment souvent les patients présentant des séquelles d'une opération légèrement bâclée, des "finis-partis": "Vé-le peuchère, c'est un fini-parti du professeur V..."

Le fini-parti dans les transports en commun

Pour leur dernière rotation de la journée, certains chauffeurs d'autobus prennent leur véhicule pour une Formule 1, ce qui provoque glissades, accrochages, contusions et cognements dans la coursive.

Le fini-parti au bar

Un grand classique: un peu avant de dépointer, le serveur fait asseoir tous les clients dans le même coin pour commencer à ranger les tables et à faire le ménage. Voir aussi la liste complète des nuisances imposées aux touristes au restaurant, p. 125.

Le fini-parti au stade

Pour les joueurs, il s'agit de "tuer le match" au plus vite afin de jouer à la baballe le reste de la partie. Ce qui provoque immanquablement le départ anticipé des spectateurs. Malheureusement, le club n'ayant pas les moyens techniques et physiques du FC Barcelone, le "fini-parti-gagné" devient très rare, tandis que les actions du "fini-parti-perdu" sont en hausse.

Le fini-parti dans votre appartement (version de cauchemar)

Les Marseillais (ou pire, les Parisiens) qui font appel à une entreprise de travaux doivent redouter deux principaux écueils: le fini-parti que nous venons d'évoquer et le parti-pas-fini, qui consiste à laisser le chantier en plan. À signaler:

• Les retards des professions artisanales ne se comptent pas en heures mais plutôt en jours.

• Les retards dans les travaux publics se comptent en années, parfois en décennies (la L2...).

BON À SAVOIR !

Tableau d'équivalence des unités de mesure à Marseille et dans le reste de la France

Distances

À 15 mètres > Beaucoup trop loin

À 30 mètres > En galère

À 100 mètres > À Endoume

À 200 mètres > À Dache

À 1 kilomètre et plus > À Chaïe

Tailles

Petit > Pitchoun

Maigre > Gisclet

Gros > Comac

Quantités

Un peu > Un péton

Beaucoup > Un moulon

Trop > Un wagon

Temps
(pour vous aider à communiquer avec ceux qui font les travaux dans votre appartement notamment)

Aujourd'hui > Demain

Demain > Après-demain

Après-demain > L'an pèbre

Après-après-demain > Jamais

La sieste
(ou comment vivre "slow" à la marseillaise)

Pratique jugée honteuse et dénoncée comme telle par les peuples du Nord, les Japonais, les Espagnols, et généralement par tous les stakhanovistes qui n'ont jamais connu la cuisine à l'huile d'olive (dernière pression à chaud), le pastis au mètre (à l'anéthol), l'aïoli (généreux et cordial...), le rosé de Provence (au kérosène), le brunch au saucisson d'Arles (100 % à l'âne), la clairette de Die (au propergol), le cabanon sous les pins (et près de la décharge), le châteauneuf-du-pape (au soufre), les treize desserts (voir au dos la date limite de consommation), le marc du Garlaban (au TNT), et tout ça à midi, sous un soleil de plomb, quand il fait 39 degrés à l'ombre.
La sieste n'est pas un particularisme local, ni un archaïsme, mais bien plutôt la manifestation d'une civilisation en avance sur son époque, qui sait mieux qu'aucune autre allier art de vivre et modernité.

Aux dépens de toutes les règles, votre auteur dévoué s'est procuré le texte du décret n° 2001-83 portant dérogation pour les territoires d'outre-mer, la Corse et la Provence à la loi n° 199-5648 fixant la réglementation de la durée du travail.

Dans les entreprises soumises à une durée de travail hebdomadaire de trente-cinq heures, le temps de sieste est déduit selon le calcul suivant :

1. Grande sieste (de une à deux heures)
Déduction de 50 % pour la première heure. Déduction dégressive par paliers de 10 % pour les quarts d'heures en sus. Au-delà de deux heures, intégration de la sieste au régime des maladies professionnelles de la Sécurité siestale.

2. Sieston (moins d'une heure)
Déduction intégrale sous réserve que la sieste soit effectuée dans les locaux *ad hoc*.

3. Pénéquet (cinq à dix minutes)
Laissé à l'appréciation du directeur des Ressources humaines.

4. Assoupissement
À la discrétion des organismes syndicaux.

5. Sieste crapuleuse
Réservée à l'encadrement.

6. Ronflements
Dans ce cas, les contremaîtres peuvent utiliser les sifflets à roulettes mis à leur disposition.

BIEN COMPRENDRE LES COUTUMES LOCALES

Friche

Comment survivre à l'underground marseillais?

Véritable Berlin au soleil, Marseille a la cote auprès des plasticiens expérimentaux, des théâtreux militants, des performers post-humains, et plus généralement des artistes au RSA et l'effet "capitale européenne de la culture" en 2013 n'a fait que renforcer ce phénomène. Outre l'attrait du prix dérisoire des loyers dans les quartiers Nord, l'artiste descend à Marseille pour la même raison que le bobo (voir p. 18) ou le militant altermondialiste (voir "Militants", p. 84) : pour goûter la proximité avec les vraies gens (les pauvres, quoi...), puisque Marseille est la seule ville qui n'arrive pas à s'en débarrasser.
En effet, à Marseille, l'artiste est assoiffé d'ambiance populaire et de rencontres avec les vrais gens qui vivent de vraies choses – à ce titre, leur quotidien est très inspirant. Là où vous avez tendance à voir des bus qui ne passent jamais, des rues mal nettoyées et des verrues urbaines à chaque croisement, l'artiste apprécie un chaos urbain particulièrement propice au bouillonnement de l'esprit. Il vous dira systématiquement que c'est une ville qui a une âme, contrairement aux cités bourgeoises ou gentrifiées qui sont ennuyeuses et trop chics (et, *a fortiori*, souvent de droite).

ZONES URBAINES SENSIBLES
ZUS

La Plaine, pratiquement tous les théâtres marseillais et les lieux artistiques et culturels des quartiers Nord : la Friche, le Merlan, les Bancs Publics, la Cité des arts de la rue, etc.

Conseils de survie en milieu expérimental marseillais contemporain

Prenez une carte des zones industrielles de Marseille et fermez votre voiture à clé

Pour se confronter au milieu artistique marseillais, l'idéal est de se rendre au vernissage d'une proposition d'accrochage mouvante et réflexive, ou à une expérimentation sur l'hybridation des pratiques architecturales ce qui, neuf fois sur dix, se soldera par une expo de photographies de friches urbaines. Le QG de la nébuleuse underground est bien évidemment situé à la Friche la Belle de Mai, connue sous le diminutif de *la Friche*. De manière générale, l'artiste marseillais aime tout ce qui est friche ou entrepôt désaffecté non desservi par la RTM, et dont le parking sur terrain caillouteux (quand il existe) jouxte une zone urbaine sujette aux mises en pyromanie des voitures.

Bien s'orienter dans la Friche

Attention, il y a Friche et Friche :

• La *fausse Friche*, qui comprend le Pôle média, accueillant notamment les studios de "Plus belle la vie", et le Pôle patrimoine avec les archives municipales. Ce sont des endroits propres et relativement encadrés, où on se dirige assez facilement.

• La *Friche Friche* ou Pôle culture, lieu historique de développement de l'art underground et du théâtre expérimental à Marseille, où l'orientation du visiteur se fait de manière plus instinctive. "Il nous faut poursuivre un développement dans un cadre qui continue de permettre l'indéfinition", lit-on sur le site de la Friche, ce qui veut dire que le caractère bordélique y est plus ou moins entretenu comme condition créative...

Méfiez-vous des théâtreux

Outre les vernissages d'artistes conceptuels, le principal danger des nouveaux territoires de l'art en milieu post-industriel est le théâtre militanto-expérimental. Le credo du théâtreux marseillais (il y a une quarantaine de théâtres à Marseille) est en général de *faire entrer l'Art dans la Cité*, dans le but de désaliéner le prolétariat pour le rendre acteur de son histoire collective. C'est-à-dire d'obliger les pauvres gens au chômage ou en contrat emploi solidarité à venir assister à ses manifestations artistico-culturelles sans entracte. Pourtant, la pièce de théâtre expérimentale se reconnaît très vite au fait qu'aucun prolétaire n'y assiste.

Sous-genres de théâtreux marseillais

Le militant-artiste intermittent est aussi preneur de son, cameraman, chorégraphe hip-hop, word-musicien, documentariste, circassien et surtout artiste de rue.

Activités favorites du théâtreux marseillais

- Aller au Babel Med et à la Fiesta des Suds
- Passer à Pôle emploi spectacle
- Boire des bières à 1,50 € au cours Ju
- Remplir des dossiers de subvention

Gaudin (Jean-Claude)

Pourquoi Jean-Claude Gaudin est-il réélu maire de Marseille à chaque élection ?

Après 18 ans de règne sur la ville, Jean-Claude Gaudin a été réélu pour la 4e fois maire de Marseille le 31 mars 2014, à la surprise générale. Enfin surtout à la surprise générale des observateurs non marseillais qui pensaient qu'un maire sortant âgé et au bilan très contesté n'avait aucune chance de se maintenir une nouvelle fois.
Le site Marsactu a même calculé qu'en temps cumulé, Jean-Claude Gaudin a été élu 120 ans si on ajoute les années de tous ses mandats, et qu'il a été conseiller municipal durant 49 ans[1] !
Si vous souhaitez remplacer Jean-Claude Gaudin en 2020 (bon courage), vous devez d'abord comprendre comment il arrive à s'accrocher au siège de maire de la ville comme un arapède à son rocher de Malmousque.

Quelques techniques ancestrales de politique locale qui ont fait leurs preuves

Assurez-vous du soutien du syndicat majoritaire

OK, il est censé être très à gauche et d'ailleurs il s'appelle Force Ouvrière. À Marseille cependant, on a le goût de l'ouverture et du brassage des cultures, et un syndicat de tradition

1. Marsactu, "Gaudin, l'homme aux 120 années de mandat", 5 février 2014.

socialiste, bien implanté chez les employés territoriaux, peut tout à fait soutenir un maire de droite libérale. En politique marseillaise, on appelle cela la "cogestion". Le maire a même reçu la carte de membre d'honneur du syndicat.

Ne faites qu'une promesse : celle de ne rien changer

Les Marseillais aiment que les choses suivent leur cours immuable. L'absence de changement est toujours préférable à la possibilité d'un dérèglement des habitudes ou d'une dégradation. Le maire le sait bien, et pratique avec brio l'art de la non-promesse électorale : "Élisez-moi et on ne fera rien, c'est promis."

Faites comme si vous étiez à fond marseillais mais passez votre temps à Paris

Un classique de la politique marseillaise : mettre sur le dos du pouvoir central et de la capitale les problèmes de la ville. Sauf que Jean-Claude Gaudin, en plus d'être sénateur depuis 1998, est vice-président de son parti (l'UMP) et a été ministre entre 1995 et 1997. Ce qui ne l'empêche pas de conserver son accent à couper au couteau, dont les mauvaises langues affirment qu'il l'entretient sciemment.

Choisissez bien vos ennemis

Alors que son adversaire Patrick Mennucci, qui menait les listes du PS aux municipales, a critiqué ouvertement un "système Guérini", du nom du président socialiste du conseil général des Bouches-du-Rhône mis en examen, Gaudin est resté plus policé. Résultat : entre les deux tours, la maire de gauche du secteur du Panier, proche de Guérini, s'alliait à la droite menée par Gaudin. Comme quoi une fois de plus, à Marseille, on ne gagne pas sur les idées.

Si vous ne vous sentez pas la stature de mener campagne contre l'indéboulonnable Gaudin en 2020, rangez-vous à l'avis de l'écrivain Gilles Ascaride qui, se lamentant dans le journal satirique *Le Ravi* que Marseille n'ait connu que 3 maires depuis 1953, proposait l'élection d'un roi de Marseille[1] !

Game of Thrones – Le royaume marseillais des 8 Couronnes

La série de fantasy *Game of Thrones* se déroule sur le territoire de Westeros subdivisé en 7 Couronnes, alors qu'à Marseille il en comporte 8 (ou mairies de secteur), et que l'hiver y est plus doux et moins long. Mais la logique féodale est la même. Depuis la guerre de 2014, le pouvoir se répartit ainsi entre Maisons :

1re Couronne

Centre historique : après la guerre de 2014, le banneret Mennucci de la Maison des rebelles solfériniens est battu par Dominique Tian, Maison des Guadiniens.

2e Couronne

Le Panier-Euroméditerranée est un secteur conquis par l'alliance bicéphale Biaggi-Narducci, issue d'une négociation entre les Gaudiniens et les Guériniens historiques aux dépens des Solfériniens.

3e Couronne

Le bastion de l'inamovible seigneur Bruno Gilles, banneret de la Maison des Gaudiniens.

4e Couronne

Le littoral Sud, détenu par le roi du trône de fer, Jean-Claude Gaudin, qui a fait décapiter son dauphin Muselier, jeune seigneur belliqueux et ambitieux.

5e Couronne

Dominique Tian, seigneur des Calanques et banneret de la Maison des Gaudiniens, règne sur ses terres de Sormiou, Morgiou et du col de la Gineste.

---

1. Voir aussi Gilles Ascaride, *La Conquête de Marsègue*, Le Fioupélan, 2014.

6e Couronne
Pays de l'Est, du pavillon et de l'autoroute d'Aubagne, il est administré par le seigneur de l'Huveaune Guy Teissier de la Maison des Gaudiniens.
7e Couronne
Royaume du roi noir, Stéphane Ravier, Maison des Frontiens.
8e Couronne
Les terres du Nord, du Grand Ensemble et de l'Estaque, gérées par la Maison Ghali, descendante de la lignée ancestrale de la Maison des Guériniens, dernière contrée administrée par son clan.
Royaume du Bateau Bleu
Place forte historique de la Maison des Guériniens.

Jeux

Transporte tes électeurs jusqu'au bureau de vote

Lors des Primaires socialistes pour choisir le candidat de la gauche aux municipales, en 2013, la sénatrice (PS) Samia Ghali n'avait pas hésité à affrêter des minibus pour transporter ses électeurs de leurs résidences aux bureaux de vote, arguant du fait que les quartiers Nord étaient beaucoup moins bien équipés en bureaux de vote et en transports en commun.
Soit 1 minibus de 10 places, plus un chauffeur. Sachant qu'il faut obtenir 129 voix dans le secteur pour faire la différence, que les électeurs transportés sont fiables à 80% et que le chauffeur ne vote (normalement) qu'une fois : combien faut-il faire d'aller-retour pour obtenir assez de voix ?

Réponses : *16. 1 trajet = 8 voix. 16 trajets = 128 voix + 1 du chauffeur = 129.*

Kalachnikov

Comment bien parler des règlements de compte à Marseille ?

Une vingtaine de victimes de règlements de compte à Marseille et aux alentours en 2012, autant en 2013... La série des meurtres entre malfaiteurs et trafiquants de drogue à Marseille est telle qu'un étrange rituel macabre s'est imposé dans les médias : celui de leur décompte régulier, qui ressemble parfois à une sorte de concours. Le site du quotidien *La Provence* propose même une carte interactive[1] des règlements de compte, régulièrement mise à jour... Une manière comme une autre d'aider le nouvel arrivant à choisir ses itinéraires de balades le week-end !
Le *Manuel de survie* pour sa part, vous propose une méthode simple et efficace pour écrire votre dépêche sur les règlements de compte marseillais, grâce à cet article à trou : la structure est prête, il suffit de compléter[2] !

MARSEILLE, le [DATE] – Nouveau règlement de compte
Un jeune homme de [âge] *ans a été touché par* [une rafale de Kalachnikov / des tirs de pistolet 9 mm / de fusil de chasse] *à Marseille, le* [date].

---

1. www.laprovence.com/Reglements-comptes-Marseille.
2. Une première version de cet article a été publiée sur Slate.fr par l'auteur, le 30 août 2013. http://www.slate.fr/france/77098/reglements-de-compte-marseille-article.

La fusillade a eu lieu aux alentours de [heures] *du soir* [au pied de la cité sensible de « … » / dans la rue « … » / près du snack « Le … »] *situé dans* [les quartiers Nord de la ville / le 9e arrondissement / le 11e arrondissement / le centre-ville] *de la cité phocéenne.*

L'homme, [qui circulait à bord d'une marque du véhicule / qui se tenait au pied de son immeuble / qui marchait dans la rue « … »] *a été pris pour cible par* [nombre] *individus en scooter.*

Connu des services de police pour [être lié au milieu marseillais / trafic de stupéfiants / des délits mineurs], *l'homme a été transporté en urgence à* [l'hôpital Nord / l'hôpital de la Timone / l'hôpital de la Conception]. *Il est* [mort des suites de ses blessures / dans un état grave / dans un état préoccupant].

Cette nouvelle fusillade intervient [une semaine / un mois / un an] *après la* [dernière visite ministérielle / dernière réunion interministérielle / dernière déclaration du ministre de l'Intérieur] *et l'annonce d'un renforcement des effectifs dans les zones de sécurité prioritaire de la ville de* [nombre] *policiers et* [nombre] *compagnies de CRS.*

Ce drame porte à [règlements de compte depuis début de l'année en cours + 1] *le nombre de règlements de compte qui endeuillent la ville et sa région depuis le début de l'année.*

Le ministre de l'Intérieur, [nom du ministre en exercice], *est attendu sur place le* [jour]. *Il a rappelé sa détermination à faire régner l'ordre républicain dans tous les territoires de la République.*

Le maire de Marseille Jean-Claude Gaudin a rappelé pour sa part que la sécurité était une compétence régalienne de l'État, et a regretté que les médias parisiens donnent une mauvaise image de la ville.

Made in Marseille

Comment vendre du "made in Marseille" ?

Caves à vin électros, apéro-brocante, soirées éphémères, "ventes capsules" de mode éthique, sex-toys fluo, concept-stores culturels... Le diagnostic est sans appel : la branchitude a fondu sur la ville et le *made in Marseille* est désormais un créneau porteur. Même le savon de Marseille est devenu branché. La ville n'a pas échappé au grand mouvement de retour de l'artisanat de tradition et de relocalisation des productions, ayant même vu sa première micro-brasserie éclore à La Plaine en 2013. Pourtant, ça n'était pas gagné d'avance : faire du nouveau dans une ville tellement attachée à la permanence de ses traditions est une entreprise difficile, réservée aux branchés fondamentalistes. L'évangélisation de Marseille a dû d'ailleurs s'adapter au terrain, contourner les obstacles, et parfois tricher un peu avec ses principes pour marseillaniser ses concepts. Tentons de mieux saisir ces nouveaux codes.

Comment marseillaniser un produit en cinq étapes

Étape 1 : choisissez le nom le plus vendeur

Pour réussir la phase de "naming", essentielle à toute branchisation, il vous faudra trouver :

- une expression ou un thème spécifiquement marseillais : bouillabaisse, embrouille, boulègue, dégun, vé, chiche, etc.,

• un lieu qui sonne marseillais: Endoume, L'Estaque, Malmousque, Les Goudes, etc.,
• ou encore un loisir typiquement populaire et marseillais: l'apéro, la pétanque, la baignade, le barbecue, la sardinade.

Sauf que, si vous en restez là, vous n'attirerez que des cakes et votre entreprise sera jugée banale, voire carrément beauf. En effet, la nouveauté est un concept central dans la branchitude.

Étape 2 : réussissez la phase de naming

Tous les as du marketing le savent: pour donner un caractère branché à un truc banal, il est nécessaire de le baptiser, voire si possible de l'angliciser. Exemple de "mix naming" cool: The Big Zé, Embrouille Records, Bouillabaisse Party, Endoume Power, Ail Phone, The Goudes Vibes, etc.

Étape 3 : apposez un autocollant ironique

Choisissez un autocollant de type "Made in Marseille", "From Marseille", "Planète Mars" ou "13 dans la place".

Étape 4 : déclinez votre "mix name" sur des produits dérivés

N'hésitez pas à décliner votre nom en t-shirt, mug, pochette de MacBook, chaussures, sac, bob de plage ou soirée électro.

Étape 5 : vendez vos produits très cher

Pour renforcer leur désirabilité, vendez-les cher et de préférence sur Internet, car, de toute façon, les Marseillais ne vous les achèteront pas.

Apprenez à reconnaître une soirée "made in Marseille"

Le branché ou hipster marseillais ressemble à tous les hipsters des villes : il écoute de l'électro pointue (exemple : post-rock low-fi islandais, prog-synth mexicain), porte des t-shirts vintage, des tote-bags ou des chemises ringardes et recherche la compagnie d'autres hipsters. À Marseille, sa quête de semblables aboutit très rapidement puisqu'il n'y a que deux ou trois lieux branchés sur le territoire (Oogie, La Dame Noir, tous les événements Kulte, les plages à condition qu'il y ait un DJ).

Vous êtes dans une soirée branchée si :

- Elle est organisée dans un "lieu éphémère".
- Il y a au moins un DJ pour sonoriser l'espace en permanence. Le hipster aime les séquences de "mix": apéro-mix, brunch-mix, cuisine-mix, goûter-mix, pique-nique-mix, sieste-mix, mix-nocturne, etc.
- Tout le monde fait la queue devant alors que les trois bars d'à côté sont vides.
- Les gens mangent de la *kémia*, sorte de tapas du branché.

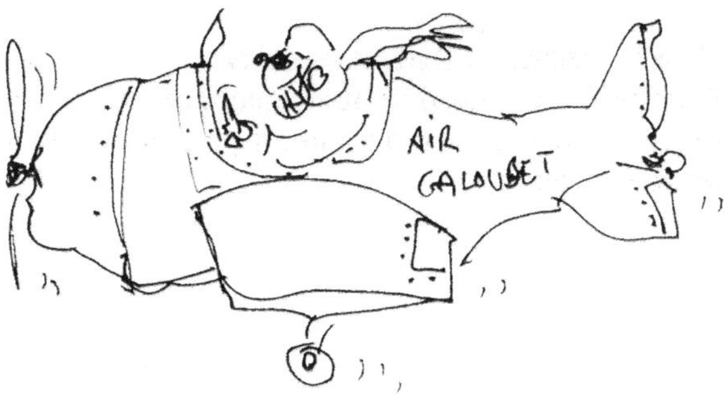

La note anti-parisienne

Nous allons à présent retrouver notre coupable habituel, responsable de l'ensemble de ces transformations effrayantes…
À ce stade du *Manuel de survie,* vous avez déjà votre petite idée, mais histoire d'être certain qu'on se comprend bien, rappelons que le Parisien (ou son complice l'Aixois) doit être reconnu responsable de toute modification branchée de la ville : maison de pêcheur repeinte en ocre, conteneur à bananes transformé en loft, marque d'huile d'olive bio, bar à concept décalé, boutique de design scandinave, etc.
Mais variez les plaisirs. Appliquez cette critique à d'autres nationalités : Allemands, Suédois, Danois, Anglais, nordiques en général et pays majoritairement protestants constituant des cibles de substitution à ne pas négliger.

Métiers

Quels métiers exercer à Marseille ?

Décrivons à présent quelques métiers typiquement marseillais, leurs conditions de travail, les perspectives de salaire et les principaux avantages et inconvénients de chaque carrière. Par ailleurs, n'oubliez pas que le principal débouché à Marseille reste la fonction publique, qui emploie un bon quart des actifs (un peu comme en Grèce avant la crise, ce qui n'est guère rassurant…).

Spécialités locales

Joueur de l'OM

Profil souhaité : savoir jouer – pas trop mal – au foot.
Avantages en nature : villa à Cassis ou au Roucas-Blanc, Porsche, Maserati ou Ferrari, etc.
Salaire : prohibitif.
Lieux de travail : stade Vélodrome, La Commanderie, Le Big Ben, Le Bazar, etc.

T-shirtier ou jeaner marseillais

Profil souhaité : savoir faire des t-shirts ou des jeans et les faire porter par des "people" marseillais ou des acteurs de "PBLV".
Avantages en nature : entrées gratuites dans les boîtes à L.A. ou dans les clubs de footballeurs (voir ci-dessus), tarifs avantageux chez les chirurgiens esthétiques.

Revenus escomptés : variables (la contrefaçon peut faire drastiquement chuter les revenus).
Lieux de travail : Belsunce, rue de Rome, rue Saint-Saëns, rue Sainte, rue de la Mode, Grand Littoral, Internet, etc.

Promoteur immobilier

Profil souhaité : être proche des milieux politiques et entrepreneuriaux. Bien connaître les dispositifs de défiscalisation.
Revenus escomptés : dépendent du marché mais de belles plus-values spéculatives sont à espérer dans les prochaines années.
Lieux de travail : partout où il reste de la place. Se dépêcher avant que le périmètre du parc des Calanques ne soit arrêté.
Méthode de travail : racheter une usine désaffectée, la désamianter, construire une néo-résidence et la baptiser "Soleïadou", "Le Jardin du Parc" ou "Le Garlaban", puis la revendre très cher à des Parisiens. Recommencer dans le quartier d'à côté et ainsi de suite…

Chirurgien esthétique

Profil souhaité : Savoir coudre et gonfler différents matériaux humains (une spécialisation en muqueuses sera appréciée), mentir avec le sourire. Acheter un scalpel et une clinique dans le 8e.
Avantages en nature : un peu comme pour un joueur de l'OM (4 x 4, femme blonde, maison au Roucas-Blanc).
Revenus escomptés : monstrueux, même s'il est conseillé de prévoir un fonds d'indemnisation des victimes des "ratés".
Lieu de travail : le 8e.
Réorientation possible : chirurgien de stars, de membres du milieu en cavale, chirurgien vétérinaire sur la Corniche.

Docker

Profil souhaité: être soi-même enfant de docker et avoir une bonne opinion de la CGT, être perfectionniste et aimer le travail bien fait.
Salaire: 4 000 € nets (source: rapport de la Cour des comptes, 2011).
Lieux de travail: Marseille, Fos-sur-Mer, locaux CGT, promotion possible au siège (Montreuil, 93).

Épicier arabe (dites plutôt "Maghrébin de proximité")

Profil souhaité: être arabe soi-même ou au moins en avoir l'air (vous pouvez à la limite être turc ou pakistanais), posséder une calculette. Aller régulièrement à l'hypermarché, acheter tout ce qu'il faut vendre dans une épicerie et multiplier par deux le prix de revente.
Revenus escomptés: variables, horaires difficiles.
Lieux de travail: partout.

Ténor du barreau marseillais

Profil souhaité: être membre du barreau et porter une crinière (tradition marseillaise adoptée par Mes Lombard, Pollak, Collard).
Honoraires: prohibitifs. À un client lui ayant demandé comment le remercier d'avoir échappé à la prison, un ténor du barreau aurait un jour répondu: "Cher Monsieur, depuis que les Phéniciens ont inventé la monnaie, le problème est résolu."
Lieux de travail: le Palais de justice, la rue Pierre-Puget, la rue Paradis, les Baumettes, l'Évêché, etc.

Bouffon marseillais

Profil souhaité: être natif de Marseille et avoir l'accent. C'est un métier très spécifique qui consiste à être marseillais-professionnel et à accentuer tous les stéréotypes en vogue sur la ville.

Exemple : humoriste marseillais, pétomane marseillais, acteur marseillais, taxi, pêcheur ou cégétiste interviewé aux infos, acteur de téléréalité (voir p. 116) et, pour les plus diplômés, "marseillologue" (voir p. 149).
Revenus escomptés : variables, activité souvent bénévole.
Lieux de travail : émissions de télé, Paris, étranger.

Économie parallèle et informelle

Arracheur de collier en or

Profil souhaité : avoir le poignet solide et un bon avocat.
Revenus escomptés : dépendent des quartiers où s'exerce l'activité.
Lieux de travail : en centre-ville exclusivement parce qu'en banlieue les vieilles se sont déjà fait voler leur collier.
Horaires : un jour par mois (quand les vieilles vont à La Poste chercher leur retraite, ce qui permet de récolter en plus un peu de liquide pour acheter les cigarettes).
Avantages sociaux : blanchi, logé, nourri aux frais de l'État, à l'hôpital si la vieille était armée, ou en prison si on est tombé du scooter en cas de résistance du fermoir du collier.
Notre conseil : attention, une vieille portant une minerve (ce qui atteste du fait qu'elle a déjà été agressée) peut très bien avoir caché son collier dessous !

Releveur d'aïoli

Profil souhaité : avoir un poignet solide et une forte résistance au stress.
Salaire : fixe au minimum légal, part variable et pourboires intéressants en cas de montée de l'aïoli.
Lieux de travail : chez les particuliers, les touristes, les Parisiens ou pour les fêtes et les mariages.

Tous ceux qui se sont frottés à la confection de l'aïoli savent qu'il s'agit là d'une très délicate opération. "Ainsi il faut se dispenser de regarder celui ou celle qui tient le mortier et surtout de lui adresser la parole, sinon l'aïoli tombe immédiatement" (Horace Bertin dans *Marseille et les Marseillais*, éditions Frezet). Si par malheur, la "pommade" ne se fait pas, il faut alors faire appel à SOS Aïoli qui vous envoie immédiatement un releveur spécialisé. Ce dernier saura avec habileté sauver la situation.
N.B.: si vos invités sont des Nordiques, ne vous emmerdez pas. Un œuf entier, un pot de moutarde, un demi-litre d'huile d'arachide, un peu d'ail en poudre, tout ça dans un robot et *faï tira* ! Ils ne feront pas la différence, diront que c'est délicieux pour être polis et penseront que plus jamais ils ne mangeront d'aïoli. Ou alors au beurre et sans ail...

Branleur

Profil souhaité: il ne s'agit pas à proprement parler d'un métier, plutôt d'une occupation à temps plein ou partiel. On distingue le branleur cake, le branleur à visée socioculturelle, le branleur qui travaille mais au noir, le branleur de plage, le branleur créatif, le branleur expat, etc.
Revenus escomptés: dépendent des prestations sociales, de l'ancienneté dans le métier, des arrivages de tombés du camion, des combines disponibles et de la conjoncture économique globale.
Lieux de travail: grâce à son climat tempéré, à son ensoleillement exceptionnel et au prix du pastis au comptoir, Marseille offre de belles opportunités pour ne rien faire, accessibles à toutes les bourses et convenant à tous les styles de vie.
Principaux centres d'activité: la Canebière, les bancs, les places publiques et les alentours des kebabs marseillais. Les abords de la gare Saint-Charles, les bars de La Plaine, les plages et les bars de bord de mer, les cabanons.

Militants

Où (et contre quoi) faut-il militer à Marseille ?

Outre sa dizaine de clubs de supporters de l'OM, Marseille peut s'enorgueillir d'un nombre incalculable d'associations, de collectifs et de médias qui combattent avec une efficacité variable la mondialisation néolibérale et le capitalisme financier. Avec ses intellos précaires marxistes, ses militants sociocul', ses intermittents conscientisés et ses multiples associations anar, altermondialistes ou écolos radicales, Marseille ressemble parfois à un petit "extrême gauche land".

Que fait le militant marseillais ?

Pour rencontrer l'extrême gauche marseillaise, c'est très simple : il suffit de vous rendre à l'une des innombrables rencontres-débats organisées 365 jours par an, la rencontre-débat étant, avec l'assemblée générale de collectif et la rédaction de tract, l'occupation favorite du militant marseillais.
En marge des rencontres-débats qu'il organise, le militant marseillais crée aussi du lien social en proposant des ateliers de jardinage ou d'arts du cirque, des cours de capoeira et d'autres rencontres-débats (la plupart du temps sur les échanges non-marchands, le conflit israélo-palestinien, la loi Loppsi 2 et, de manière générale, sur tout ce qui touche à la sécurité intérieure, aux fichiers de police et à la vidéosurveillance).

ZONES URBAINES SENSIBLES

ZUS

La Plaine • le cours Ju • le CRDP • la Maison des associations • l'Équitable Café • toute la rue Consolat • le boulevard d'Athènes • le boulevard National • L'Estaque • la Belle de Mai • Saint-Henri • les quais du GPMM • les lieux culturels des quartiers Nord (voir le détail dans "Friche", p. 66).

Schématiquement, on peut distinguer trois types de militants marseillais : le militant traditionnel, le néo-militant et le théâtreux militant.

Le militant traditionnel

Ce militant historique est issu d'une vieille tradition ouvrière dont les manifestations sont devenues essentiellement folkloriques du fait de la désindustrialisation. Il en reste cependant quelques représentants dans certains quartiers marseillais (Belle de Mai, L'Estaque, Saint-Antoine, etc.), à La Ciotat ou autour de l'étang de Berre.

Ses activités favorites

Se réabonner au théâtre Toursky (Belle de Mai), qui organise chaque année la "Nuit de l'anarchie", relire *La trilogie Fabio Montale* de Jean-Claude Izzo (*Total Khéops*, *Chourmo*, *Solea*), et revoir les premiers films de Robert Guédiguian (surtout ceux qui évoquent les rapports de production et la lutte des classes entre patronat et prolétariat portuaire).

Le néo-militant

Le jeune néo-militant alter vit à la Belle de Mai ou à La Plaine. En contrat aidé dans une structure de médiation culturelle ou enseignant, il peut aussi être thésard en lettres depuis six ans, ethnologue des mouvements de transhumance ou sociologue des intermédiations syndicales en milieu portuaire. Dans sa version la plus radicale, le militant alter de la nouvelle génération peut dériver en punk à chiens du cours Ju.

Ses activités favorites

Lire et écouter les produits locaux de la gauche alter ou radicale (Agone, CQFD, Radio Galère, Keny Arkana, etc.) en complément de la lecture du *Monde Diplo* et de l'écoute religieuse de "Là-bas si j'y suis" sur France Inter.

Aller à l'Équitable Café et à des expos de photos de friche urbaine (voir "Friche", p. 66).

Obliger les prolétaires à participer à des conférences-débats de quartier.

Écrire des tracts en accordant tous les noms et adjectifs au féminin pour lutter contre la société patriarcale et l'hétérocentrisme.

Le théâtreux militant

C'est une variante artistique très répandue à Marseille, une sorte de travailleur social clownesque (voir "Friche", p. 66).

Jeux

Exercice de traduction

Pour maîtriser le vocabulaire militant, exercez-vous à transformer ce passage de *La Provence* en tract de collectif marseillais :

"Les policiers de la BAC ont arrêté samedi après-midi trois individus soupçonnés d'être à l'origine d'un vol de collier à l'arraché dans le 12e arrondissement de Marseille."

Corrigé :

"La violence policière à la solde de la bourgeoisie capitaliste a une nouvelle fois criminalisé la pauvreté en entravant trois jeunes, victimes des dérives néolibérales du système financier et de la casse sociale de notre société organisée par l'État français néofasciste."

Néo-quartier

Faut-il vivre dans un néo-quartier marseillais ?

Parfois surnommée capitale internationale de la maquette, Marseille est une ville où la grue est un élément permanent du décor. La philosophie de l'urbanisme marseillais est depuis longtemps d'une grande simplicité et se résume à cette maxime : s'il reste du terrain, garnissons-le de lotissements au plus vite. Du projet de raser le Panier au XIXe siècle au dynamitage du quartier réservé par les Allemands, en passant par la destruction du quartier de "derrière la Bourse" ou le percement de la rue de la République, tout détruire pour tout reconstruire est une vieille tradition marseillaise... Le souci d'harmoniser les constructions, de respecter un centre villageois ou les limites d'un quartier n'entre pas vraiment en considération.

Comment reconnaître un néo-quartier marseillais ?

La naissance du néo-quartier

À sa création, le néo-quartier porte un nom bizarre de type ZAC, périmètre requalifié, pôle de centralité, cité durable, écoquartier, programme résidentiel, plan de réhabilitation, etc. Mais, quel que soit le nom donné, le résultat est toujours le même : l'envahissement par le béton. On constatera par ailleurs que le néo-quartier a systématiquement des opposants, et qu'il ne sort de terre qu'à l'issue d'un nombre incalculable de réunions de concertation qui ne font que retarder sa livraison.

Parc du Millénaire, Menpenti et toute la ZAC Grand Est • hauts de Sainte-Marthe • rue de la République (cas extrême de néo-quartier assurant sa promotion par voie d'affichage) • Pointe-Rouge et Madrague de Montredon • Bonneveine • Euromed (néo-ville) • Château-Gombert • Et dans tous les lieux où poussent de petits Algeco de sociétés immobilières.
Autour de Marseille, le néo-quartier est un lotissement de villas néo-provençales avec entrée sécurisée (voir aussi "Village(-dortoir)", p. 168).

À quoi ressemble le néo-quartier marseillais ?

Le néo-quartier se présente comme un quartier à fort potentiel, en devenir ou en plein développement : ce qui signifie qu'il n'y a rien autour. C'est pourquoi, dans un néo-quartier marseillais, la possession d'une voiture est vitale (comme partout à Marseille au demeurant). Il est constitué d'un ensemble de néo-immeubles de logement avec des terrasses suspendues (qu'on appelle résidences de standing) et d'équipements (c'est-à-dire de centres commerciaux). Les appartements ont en général une vue imprenable sur la mer.
En option, on peut trouver aussi à proximité : un *call center* de zone franche, un terrain vague (inconstructible) ou un entrepôt portuaire.
Quand il est implanté à l'est ou au nord de la ville, le néo-quartier résidentiel est la plupart du temps livré avec enceinte sécurisée (selon le site Marsactu, la part des résidences fermées à Marseille était en 2014 de 29 %[1]).

1. Marsactu.fr, "29 % de logement sont situés en résidences fermées à Marseille", 21 mars 2014.

Les règles de vie dans un néo-quartier

Bien qu'il ressemble à un désert urbain, le néo-quartier affirme reproduire la dolce vita méditerranéenne puisqu'il est "piétonnisé" et "végétalisé": cela veut dire qu'on a détruit tout ce qu'il y avait avant pour ensuite y replanter des arbres. La néo-résidence est en général pourvue d'un "espace paysager" central, au sein duquel jeux de ballon, chiens, enfants, barbecues, sardinades, méchouis et toutes autres activités habituelles de loisir sont interdites.

BIEN COMPRENDRE LES COUTUMES LOCALES

Où "faire les commissions" à Marseille ?

La réponse est simple : partout. Marseille, ville de négoce, cultive l'art du commerce à son plus haut niveau. Avant, on allait à Baze ou à Uniprix (les vieux Marseillais utilisent encore ces mots quand ils parlent du Monoprix). À présent, Marseille compte dans ses murs :

- Les centres commerciaux les plus grands d'Europe (tout nouveau projet commercial marseillais est qualifié de PLUS grand d'Europe, sinon du monde).
- Les rues à thème : grande spécialité marseillaise, le concept de rue à thème consiste à garnir toute la voie d'une seule activité (rue de Rome pour le vêtement discount et les Tout à 1 €, rue Saint-Fé pour les franchises de prêt-à-porter, sportswear pour Belsunce, boutiques de luxe rue Paradis, etc.), ce qui rend la rue à peu près déserte une fois les boutiques fermées. Renforçant cette tendance mono-thématique, l'autre spécialité municipale est le renommage de rue : rue de la Mode, rue des Arts (alias Thubaneau, ex-rue des hôtels de passe), rue des Artisans, etc.
- Une galerie marchande de couleur marron-beige en forme de blockhaus futuriste, connue sous le nom de centre Bourse.

• Le plus grand marché aux puces du sud de la France (voir "Puces", p. 140).

Comme si ça ne suffisait pas, l'objectif de la métropole marseillaise est de devenir un immense centre commercial à ciel ouvert s'étalant sur tout le territoire : villages de marques en périphérie, nouveaux centres commerciaux (Terrasses du Port et Voûtes de la Major pour attraper les croisiéristes à la sortie du paquebot, Bleu Capelette à l'est, Prado autour du Vélodrome), les projets s'amoncellent pour faire face à l'augmentation espérée de la fréquentation des habitants et des touristes. La mairie parle ainsi d'un "glissement du centre de gravité de la ville vers la mer", ce qui alimente les inquiétudes sur l'avenir du commerce en ville, déjà mis à mal par la mauvaise réputation du centre (voir "(Mauvaise) Réputation", p. 146).

À l'instar des néo-quartiers, les projets sont toujours annoncés comme "respectueux de l'environnement". Notons que toute critique concernant l'implantation d'un complexe commercial défigurant un peu plus ce qui reste de terroir est invariablement balayée par un : "Ça crée des emplois."

La promotion du néo-quartier

Enfin, et c'est ce qui le différencie principalement du quartier tout court, le néo-quartier est vendu sur plaquette, panneau publicitaire ou maquette en 3D, avec des gens dynamiques et bien habillés, qui sourient en allant au travail (les habitants des néo-quartiers ont souvent un travail).

Nord (quartiers)

Où commencent les quartiers Nord ?

C'est bien connu, le Marseillais n'aime pas le nord. Or, dans son imaginaire, ce nord a tendance à commencer très au sud, soit à peu près au niveau des numéros impairs de la Canebière. Ne vous étonnez donc pas si tout natif ou habitant des quartiers Sud vous déconseille formellement de vous rendre dans les quartiers Nord de la ville, vaste ensemble mal identifié de cités-dortoirs dont la simple évocation suffit à provoquer la panique. C'est ce qu'on appelle la fracture Nord-Sud.

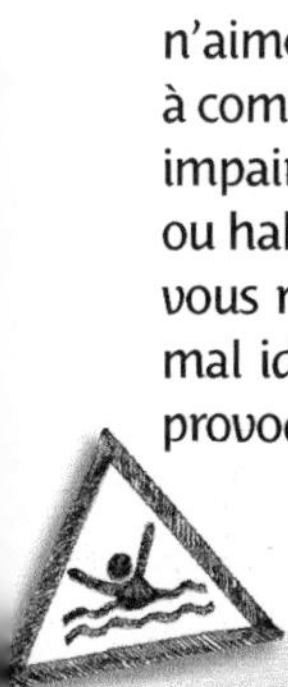

Si vous projetez une visite des quartiers Nord, tout Marseillais du Sud vous mettra en garde contre les dangers suivants, majoritairement glanés dans les archives de la presse locale ou relayés de Marseillais en Marseillais telles des légendes urbaines :

- recevoir un frigo ou une télé HD sur votre pare-brise,
- prendre une balle perdue lors d'un règlement de compte,
- être pris à partie lors d'une visite impromptue du ministre de l'Intérieur venu annoncer comme chaque année des renforts de police,
- être capturé dans une cave requalifiée en centre de commandement d'Al-Qaida pour la Méditerranée,
- se faire refourguer du shit coupé au cirage.

Ajoutons que les quartiers Nord de Marseille se caractérisent par un manque criant de boutiques vintage, de bars lounge et d'appartements à moulures, ce qui rend leur visite incongrue aux yeux du Marseillais du Sud.

Un patrimoine architectural entré dans l'histoire

À coup de PUD, ZUP, PLU, POS, SCOT et autres PLH, Marseille a su, en un demi-siècle, transformer une bonne partie de son territoire en cauchemar urbain riche en béton et en rocades. Visiter les quartiers Nord, c'est ainsi plonger dans l'histoire de l'architecture low-cost accélérée de l'après-guerre.

Pour approfondir vos connaissances sur ce sujet sans risquer une incursion physique dans le territoire, on ne saurait trop vous recommander le visionnage de quelques émissions d'actualité sociale ("Le droit de savoir" ou "Sept à huit") dans lesquelles on rend régulièrement hommage à ces perles de l'architecture concentrationnaire que sont :

• le centre commercial Le Merlan,

• les abords de l'A7 et les viaducs de l'autoroute du Littoral, malheureusement promis à la destruction (à l'heure où nous écrivons ces lignes, cette destruction en est au stade de projet, or il est toujours hasardeux d'affirmer qu'un projet architectural marseillais va se réaliser dans un avenir proche),

• le Plan d'Aou,

• la station de métro Bougainville,

• le parking Shell du cours d'Estienne-d'Orves, délocalisé à La Rose,

• les alentours du viaduc de Plombières,

• la *skyline* de Frais-Vallon,

• les tours de la Solidarité,

• le centre commercial Grand Littoral,

• l'hôpital Nord.

Si, malgré ces mises en garde, vous souhaitez toujours vous rendre dans les quartiers Nord de Marseille, relisez les règles du code de la route marseillais détaillées en page 40 de ce manuel, et emportez avec vous le lexique des acronymes en Z des politiques de la ville (ZUS, ZRU, ZFU, ZAC, ZEP, ZSP, etc.) pour vous orienter une fois sur place.

Nuit

La vie nocturne marseillaise est-elle nulle ?

La preuve que oui, en 4 étapes.

Étape 1 : trouvez des trucs à faire

À Marseille, tout le monde vous dira qu'il n'y a rien à faire le soir… Évidemment, c'est faux : simplement le truc, c'est que personne ne vous dit jamais ce qu'il y a à faire. Il faudra donc – une fois de plus – vous prendre en main et ne compter que sur vous-même. Dans cette ville, la communication est presque un gros mot. Vous allez donc devoir vous débrouiller pour vous constituer un réseau d'informateurs riche et diversifié et vous tenir au courant des soirées à venir. Si vous avez connaissance d'une soirée par une source humaine fiable, vérifiez malgré tout sur le site Internet ou la page Facebook du lieu que la programmation correspond à ce que l'on vous a indiqué. Si la page est restée inactualisée depuis 2007, ne renoncez pas pour autant. Il est possible que le patron n'ait pas eu le temps de s'en occuper, qu'il ait oublié ou bien que ça l'emmerde.

Étape 2 : choisissez votre boîte de cakes

Le Marseillais préfère les bars et les pubs aux boîtes de nuit. Cependant, après un apéro prolongé, il arrive qu'il "sorte en boîte". Les boîtes marseillaises peuvent être divisées en deux catégories : les boîtes de cakes normales et les boîtes de cakes riches. On se rend en boîte de cakes pour y trouver des cagoles classiques, et en boîte de cakes riches pour y dénicher des cagoles fashion (voir cet article).

Les boîtes de cakes normales

Ces établissements fleurissent dans trois types de lieux : le centre-ville (Opéra, Vieux-Port), les bords de mer (pour attirer les cagoles) et les terrains vagues derrière les autoroutes et les centres commerciaux. Pour trouver une boîte de cakes, c'est très simple : repérez la sono tunée des Seat Ibiza, Ford Fiesta, Fiat Punto et Golf de cakes et de cagoles, elle vous mènera directement à l'entrée. Si vous lisez les mots suivants sur les flyers de la boîte : "Champagne", "Trendy", "Lady's Night", "Chic", "Afterwork", "VIP", "Salsa", "Fashion", "Infirmière", "Spéciale célibataire" ou "t-shirt mouillé", il s'agit bien d'une boîte de cakes.

Les boîtes de cakes riches

Aussi appelées boîtes de cakes branchées ou fashion par les autochtones, elles ont également une prédilection pour le littoral mais pointent systématiquement les cakes de base à l'entrée. Le spot tendance se reconnaît à ce qu'il est minuscule et censé être secret ou pour initiés, alors que toute la presse en parle et que toutes les Marseillaises rêvent d'y accéder pour une raison ou pour une autre (présence d'un corner VIP, serveur trop beau, cocktail exclusif, DJ à la mode ou simplement difficulté d'y entrer). Tout comme la boîte de cakes normale, la boîte de cakes riches communique peu, sauf que dans son cas c'est fait exprès.

Jeux

Invente ton nom de boîte du littoral

Pour trouver le nom de votre boîte de cakes ou de votre club de karaoké du littoral, prenez une carte des États-Unis et choisissez un nom de ville, d'État, de comté, de rue, etc. **Exemples:** Le Californie, Le New York, Le San Francisco, Le Sunset, Le Miami Beach, etc.

• Même principe avec, cette fois, un lieu ou un mot festif latino-américain. **Exemples:** Le Caliente, Le Cubana, Le Copacabana, Le Macumba.

• Vous pouvez la jouer plus soft et reprendre un terme typiquement marseillais. **Exemples:** La Plage, Le Cabanon, La Calanque, Le Rocaou, La Sardine.

• Enfin, vous pouvez varier les plaisirs et opter pour un mix de mots et de chiffres. **Exemples:** Le Maxi 24, Le Star Club 12, voire Le Four Sunset, Le Maximix, etc. Cette règle fonctionne sur toute la Côte d'Azur.

Et maintenant, à vous de jouer !

BON À SAVOIR !

Quelques bons liens Internet pour faire mentir cet article

• Les sites culturels arty et branchés
Le Waaw : www.waaw.fr
Blog 4 You : www.blog4you.fr

• Les sites girly
Chut mon secret ! : chutmonsecret.canalblog.com
My Little Marseille : www.mylittle.fr/mylittlemarseille/

• Et surtout... L'intégrale des nuits marseillaises
La Nuit Magazine : lanuitmagazine.com

• Quelques lieux inclassables: L'Art Haché, club marseillais bien connu pour son ambiance de fin du monde, et L'Unic, bar festif en centre-ville.

Étape 3 : faites-vous humilier à l'entrée par le videur

Que vous soyez plutôt boîte de cakes normale ou boîte de cakes riches, vous avez toutes les chances d'être pointé à l'entrée, surtout si vous n'avez pas étudié le style vestimentaire marseillais présenté en page 51. Pour justifier sa politique discriminatoire, le videur vous expliquera qu'il faut "réserver", "être un habitué", "venir accompagné", "être du coin" ou "connaître le patron". Situation humiliante que connaissent bien à Marseille tous ceux qui n'ont pas accès au virage du stade, aux places en terrasse, aux clubs privés de bord de mer ou aux emplois de la fonction publique territoriale. Quant à vous expliquer comment devenir un habitué, les 176 pages de ce manuel n'y suffiraient pas...

Étape 4 : trouvez un moyen de rentrer après minuit

Jusqu'ici la soirée se passait (à peu près) bien. Vous avez (peut-être) triomphé du videur marseillais, évité de draguer la fille du patron corse ou pied-noir, réussi à danser sur une piste minuscule, bu une bouteille de mauvaise vodka à 300 € (minimum), trouvé le chemin des WC dans l'arrière-cour, enfin, vous n'avez pas provoqué d'*embrouille* à la sortie de la boîte (et vous n'entrerez donc pas dans l'édition dominicale de *La Provence* à la rubrique "Faits divers")... Vous devez maintenant rentrer chez vous, seul(e) ou accompagné(e) : c'est là que les choses se compliquent !

Notre conseil numéro un, qui s'applique à toutes les pages de ce manuel : achetez une voiture ou un scooter (et rendez-vous p.40 pour apprendre comment se rendre d'un point à un autre dans Marseille).

Si vous n'en avez pas, plusieurs solutions alternatives s'offrent à vous ; aucune d'elles n'étant vraiment conseillée.

En taxi

Priez pour que votre domicile soit suffisamment éloigné du lieu de la soirée pour que le chauffeur daigne vous accepter. Patientez sinon jusqu'à ce que deux ou trois personnes allant dans la même direction aient rempli le taxi. Il ne démarrera pas avant.
Détail piquant: contrairement à l'usage en vigueur dans les pays civilisés, le taxi collectif ne DIVISE PAS la course par le nombre de voyageurs regroupés. Il la MULTIPLIE !!!

En transports en commun

Cette méthode n'est pertinente que si vous êtes à proximité d'une ligne de métro qui, rappelons-le, sont au nombre de deux et dont la construction date de la fin des années 1970-début des années 1980. Depuis le 2 avril 2013, date historique pour les noctambules marseillais, le service est disponible tous les jours de la semaine jusqu'à 0 h 30 alors que depuis les années 2000, ce service de nuit n'était ouvert qu'en week-end. Cela ne change rien à votre problème. Si vous êtes assez proche d'une station de métro pour rentrer de votre soirée, c'est en général que vous êtes dans une situation géographique suffisamment centrale... pour rentrer à pied !
Ne misez donc pas trop sur les transports de la RTM – ce conseil vaut d'une manière très générale.

À vélo

Qui n'a jamais tenté un parcours Vieux-Port–L'Estaque à vélo sur une voie rapide ignore tout des joies du cyclisme à Marseille. La conduite à deux-roues y exige beaucoup de vigilance et d'endurance, la technique marseillaise de traçage de piste cyclable s'inspirant directement du principe du célèbre "banc le plus long du monde" de la Corniche, qui connaît une interruption tous les 10 mètres.

Rajoutons pour être exhaustif l'épineux problème du service "le vélo" (l'équivalent du Vélib parisien) : bien que ce soit un automate n'ayant ni vie de famille, ni appartenance syndicale ni revendication salariale à faire valoir pour les horaires de nuit, il "ferme" à minuit pile.
Si, en dépit de ces mises en garde, vous persistez à vouloir utiliser le vélo marseillais, suivez à la lettre les indications qui suivent :

- Sortez à minuit moins dix de votre soirée et courez jusqu'à la borne la plus proche. À minuit moins trois au plus tard, insérez votre carte d'abonné pour retirer un vélo.
- Vous n'avez pas de carte d'abonné ? Quittez la soirée à minuit moins vingt au plus tard pour avoir le temps d'acheter un ticket sur une borne.
- Il n'y a plus de vélo disponible à la borne la plus proche ? Reportez-vous au paragraphe suivant, "À pied".

À pied

Mettez vos chaussures de sport (vous aurez pris soin de les transporter dans un sac à dos) et entamez votre marche d'un pas rapide. Ne vous arrêtez sous aucun prétexte et ne répondez pas aux sollicitations des passants.

Pagnol (circuit)

Comment survivre au circuit Pagnol?

Il suffit de taper sur Google "Barasse Bastide Neuve" (certes c'est une idée bizarre) pour constater l'immense désarroi des pèlerins des mémoires d'enfance de Marcel Pagnol, tentant de reconstituer ce que l'un d'entre eux, sur son site www.cœur-de-provence.org, nomme même "le parcours introuvable". Le Graal de cette promenade de l'extrême : la Bastide Neuve et son parking sauvage, laissés à l'abandon et aux pique-niqueurs wallons.

S'il est difficile de retrouver le parcours d'origine, c'est d'abord parce que Marcel Pagnol a toujours "embelli" la réalité. Fernandel confiera ainsi à son ami Carlo Rim après avoir lu *La gloire de mon père:* "C'est beau, j'ai pleuré toute la nuit et quand tu penses qu'il n'y a pas un mot de vrai dans tout ça !"

La seconde raison qui rend cette quête impossible est l'urbanisation intense qui a fait apparaître l'autoroute, les déviations et les zones d'activité ayant bouleversé la géographie des lieux. Les bastides qui jalonnent le "circuit Pagnol" ont pour la plupart été transformées en maison de quartier, centre de soins ambulatoires, point d'accueil nouveaux métiers ou antenne de Pôle emploi.

La troisième tient au fait que la famille Pagnol elle-même a très probablement changé d'itinéraire au fur et à mesure de sa connaissance des lieux et de l'avancée des arrêts du tramway vers son terminus d'Aubagne, et grâce aux autorisations (ou à la clé de Bouzigue) qui lui permettaient de couper à travers les domaines.

Le départ, selon la bible pagnolesque, se fait depuis l'ex-arrêt de tram (aujourd'hui ligne 40 du bus) au niveau du bar de la Barasse. Pas de chance, un portail barre le chemin après 50 mètres.
Vos tentatives de randonnée pédestre étant donc ruinées, vous pouvez reprendre la voiture. Cependant, le circuit en voiture n'ayant aucun intérêt, louez *La fille du puisatier* de Daniel Auteuil ou *Le château de ma mère* d'Yves Robert, qui ont reconstitué cette Provence aujourd'hui disparue !
Notre conseil : profitez de la proximité de l'autoroute pour visiter Aubagne, berceau du santonisme et de Marcel Pagnol, qui accueille l'une des plus grandes zones commerciales de la région et l'hypermarché qui fait le plus gros chiffre d'affaires de France.

Matériel de survie à emporter sur le circuit de la Bastide Neuve

Si vous envisagez, malgré nos avertissements, de tenter votre chance pour découvrir le véritable itinéraire, vous allez devoir vous munir des éléments suivants :

• une boussole,
• une cisaille à barbelés,
• vos cartes de fidélité des enseignes implantées sur le trajet (Kiloutou, Bricorama, la Foir'Fouille, McDonald, etc.),
• des boulettes empoisonnées pour chiens,
• une arme non létale (pour les riverains),
• une carte d'état-major récente,
• un drone muni d'une caméra (pour voir qui se cache derrière le muret),
• des fusées de détresse,
• un GPS,
• une sirène de brume,
• un matériel de plongée (pour suivre le canal dans les souterrains),
• une couverture de survie,
• une boîte d'allumettes (pour déclencher des contre-feux de débroussaillage),
• un extincteur (pour éviter que l'incendie n'attire les canadairs),
• et enfin, la version surlignée au Stabilo de *La gloire de mon père* et du *Château de ma mère*.

Et voilà ! Vous êtes prêt pour vivre ce voyage extraordinaire où l'émotion va le disputer au constat de massacre des traces du passé par une modernité sordide !

Le circuit de grande randonnée 2013, une marche destroy

Faut-il aller randonner sur le plateau de l'Arbois, entre zones d'activité et lotissements récents ? Faire le tour du littoral de l'étang de Berre et de ses implantations industrielles ? Traverser la zone commerciale de Plan de Campagne ? Visiter la gare TGV d'Aix-en-Provence et son architecture futuriste ? C'est en tout cas ce que propose le GR 2013, premier sentier de grande randonnée en milieu naturel et périurbain, inauguré lors de l'année Capitale européenne de la culture dont il est un projet phare.

Le circuit de 365 kilomètres a une forme de 8 allongé (symbole de l'infini) avec pour point central la gare d'Aix TGV. Une occasion unique de découvrir le territoire de la métropole marseillaise, d'Aubagne à Salon-de-Provence, en traversant des sites naturels (Sainte-Victoire, Sainte-Baume) mais aussi des territoires urbains rarement mis en valeur : autoroutes, centres commerciaux, industries, lotissements, etc. Une proposition de tourisme *destroy* à même de séduire une population différente de celle des habitués de la randonnée. À condition de survivre aux zones sensibles comme aux hordes de hipsters que vous ne manquerez pas de croiser sur le chemin !

Pagnol
(vs Giono vs Izzo)
Quel est votre profil littéraire marseillais ?

Découvrez quel Marseillais sommeille en vous en répondant à ce test exclusif *Pagnol vs Giono vs Izzo*.

Test

1. Préférez-vous aller en vacances...

b. ❑ À Manosque
a. ❑ À Monaco
c. ❑ Aux Goudes

2. Quel est votre plat préféré ?

b. ❑ Les pois chiches aux cébettes, avec un filet d'huile d'olive première pression à froid extra-vierge provenant d'oliviers non traités et poussant naturellement dans cette Haute-Provence aride et sèche, mais si propice à forger des caractères (pas comme ces prétentieux de la galéjade qui paradent à la capitale et font croire que la Provence c'est rigolo !)
c. ❑ Les panisses
a. ❑ La daube de bartavelle et son sorbet de romarin tendrement glacé

3. Vous préférez la compagnie...

b. ❑ De votre chien de berger né dans cette Haute-Provence aride et sèche, si propice à regrouper les troupeaux de ces caprins squelettiques qui n'ont à brouter que les herbes sèches rescapées des retombées du nuage de Tchernobyl

c. ❑ Des femmes du Sud aux yeux de braise et au sang chaud, qui tiennent tête aux hommes tout en leur faisant la cuisine puis la vaisselle

a. ❑ De quelques érudits aixois et monégasques

4. Quelle est votre boisson préférée ?

a. ❑ Le scotch 20 ans d'âge

b. ❑ La tisane aux herbes sèches de cette Haute-Provence aride, mais propice à infuser des décoctions particulièrement dégueulasses

c. ❑ Le pastis

5. Vous sortez plutôt...

b. ❑ Nulle part

c. ❑ Au Péano ou au bar des Maraîchers

a. ❑ Au Cintra

6. Quelles sont vos opinions politiques ?

a. ❑ Centraliste

b. ❑ Indigné

c. ❑ Communiste

7. Quel journal lisiez-vous dans les années 1950 ?

b. ❑ *Le Provençal*

a. ❑ *Le Méridional*

c. ❑ *La Marseillaise*

❑ Je n'étais pas né – pas de point

Réponses

Vous avez une majorité de a : tendance Pagnol-chic

Le folklore provençal, les cris des poissonnières du Vieux-Port, c'est bon pour la littérature mais en vrai vous êtes tout de même plus à votre aise à la Bastide ou dans le 16e parisien. Vous préférez Cassis à L'Estaque, Bandol à Carry et vous détestez Aubagne. D'ailleurs, L'Estaque et les dockers, vous les avez laissés à Guédiguian !

Vous avez une majorité de b : tendance Gionien de l'intérieur

Marseille ? Très peu pour vous ! D'un tempérament austère, développé au contact des plaines intérieures où souffle le mistral qui rend fou, dépressif ou écrivain, vous êtes économe en mots et peu habitué aux envolées lyriques de vos voisins du littoral. Doté d'un humour minimal et d'une forte sensibilité à la nature environnante, vous vous autorisez néanmoins un pastis aux herbes à chaque veillée de Noël.

Vous avez une majorité de c : tendance normes Izzo marseillaises

Le jour où vous avez entendu "Imagine" de Lennon, vous avez su qu'un monde meilleur était possible, et que tous les enfants de la terre devraient se donner la main pour construire une grande fête de l'humanité au Dock des Suds. Vous êtes contre les skinheads et les néonazis, pour l'amitié entre les peuples, le reggae, le métissage culturel, les festivals de jazz manouche et les partouzes interethniques sur l'île de Riou. Vous êtes mûr pour la fête du Panier, le festival Jazz des cinq continents, voire les bars américains de l'Opéra.

Parisien

Faut-il être né à Paris pour être traité de Parisien?

Penchons-nous à présent sur ce fameux Parisien dont vous entendrez parler chaque jour à Marseille, bien que personne ne l'ait jamais véritablement rencontré. Dans l'esprit du Marseillais moyen, un Parisien est une personne venant du nord d'Avignon, ayant de ce fait un accent pointu ou une absence d'accent marseillais, ce qui revient au même. Il n'est donc pas nécessaire que vous résidiez à Paris, encore moins que vous y soyez né, pour être qualifié de Parisien. Sachez que si le Marseillais qui vous écoute parler vous rétorque: "Vous êtes pas de Marseille, vous", cela signifie qu'il vous considère comme un Parisien.

Les deux types de Parisiens à Marseille

Le Parisien qui ne fait que passer

Si le Parisien décide de se rendre à Marseille occasionnellement, on dit que c'est un touriste, ou plutôt un "75", rappel nostalgique de l'époque où il suffisait de lire la plaque minéralogique d'une voiture pour en déduire l'origine géographique de son propriétaire. On se faisait dès lors un devoir de lui casser les phares, de piquer son autoradio ou, à tout le moins, de signaler un stationnement irrégulier aux autorités locales.

Une haine ancestrale

Le Parisien est peu apprécié des Marseillais, qui ont coutume de résumer leurs sentiments envers les habitants de la capitale par cette formule lapidaire : "C'est des PD."
Le Parisien est coupable aux yeux du Marseillais de trois pêchés originels :

1. Il se moque de l'accent marseillais, qu'il n'imite d'ailleurs pas très bien.

2. Il est coresponsable de dix siècles de centralisme politique et d'une stratégie délibérée de paupérisation économique de sa rivale du Sud, qu'il redoute secrètement.

3. Enfin, et c'est peut-être le pire, il est soupçonné de supporter le PSG (bien qu'en pratique, la majorité des Parisiens se foute royalement des résultats du PSG mais cela, le Marseillais l'ignore).

L'important n'est pas d'entrer avec le Marseillais dans une discussion détaillée sur le bien-fondé de ces accusations. Considérez *a priori* que c'est lui qui a raison, cela simplifiera grandement votre intégration dans la cité phocéenne. Contentez-vous de relire les règles élémentaires de conduite dans un bar marseillais (voir p. 13) pour augmenter vos chances d'intégration.

Le Parisien qui reste

Malheureusement pour le Marseillais, il arrive aussi que le Parisien décide de rester. On dit alors que c'est un néo-Marseillais. Choix incompréhensible pour le Marseillais, qui n'envisage pas une seconde de faire le trajet en sens inverse, et qui répondra à toute sollicitation en ce sens par la question : "Mais pour quoi faire ?", qui traduit bien son indifférence totale au reste du monde.

L'expérience du néo-Marseillais peut théoriquement se résumer à deux étapes :

Étape 1 : l'exaltation de la découverte

Quand il décide de quitter le monde cruel et le ciel plombé de la capitale pour profiter de la "qualité de vie en province", élever sa progéniture ou se réaliser pleinement dans son travail en ouvrant une boutique de fringues vintage, de design équitable ou des chambres d'hôtes, le Parisien prend une carte de France. Il élimine d'emblée Amiens, Strasbourg et Rouen et regarde quelle est la ville du Sud la mieux desservie par le métro de la province, c'est-à-dire le TGV. Et puisqu'il faut bien deux heures pour rejoindre certaines banlieues de grande couronne francilienne, il considère que trois heures de trajet, ça n'est pas si mal.

Étape 2 : le triste rappel à la réalité

D'abord séduit par le pittoresque des habitants et le charme cosmopolite du centre-ville, le Parisien qui s'installe ne tolérera cependant pas longtemps le bordel ambiant qu'il pouvait supporter voire encourager tant qu'il venait en touriste ou en "city breaker". Il se met alors en tête de faire changer Marseille : c'est-à-dire d'en faire une ville normale, projet qui en

général échoue. Après la déception qui suit immédiatement ce constat d'échec et quelques déconvenues supplémentaires (vol de scooter, premier braquage de villa, musée fermé sans préavis, deuxième vol de scooter, etc.), le Parisien accepte la triste réalité. Soit il rentre chez lui, soit il se replie sur ce qu'il connaît et se met à transformer des parties de Marseille en petites annexes parisiennes ensoleillées, sur le modèle d'Aix-en-Provence et du Luberon, pour y vivre en sécurité avec d'autres Parisiens.
Voir aussi la localisation des quartiers à bobos (p. 22), pour mieux comprendre ce phénomène de transformation urbaine.

Tableau général d'équivalence Paris/Marseille pour néo-Marseillais

Et parce que, lecteur parisien, nous ne sommes pas si ingrats que cela à *Marseille, Manuel de survie*, nous avons construit tout exprès pour vous ce tableau inédit d'équivalence générale Paris/Marseille : le seul auquel se référer en tout lieu et à toute heure pour retrouver vos repères urbains.

Commerces

Les Halles > Centre Bourse
Évry 2 > Plan de Campagne
Porte de Montreuil > Porte d'Aix
Avenue de Flandre > La Canebière
Colette > Oogie

Quartiers

La Défense > Euromed – Joliette
Boulevard Barbès > Boulevard National
Place Sainte-Marthe > Cours Ju

Le Marais > Rue de la Mode
Rue Oberkampf > Rue des Trois-Rois
Rue Dénoyez > Rue Consolat
Abbesses > Saint-Victor
8e arrondissement > 8e arrondissement
(attention, la correspondance entre les arrondissements des deux villes ne fonctionne pas à tous les coups)
Avenue Montaigne > Rue Paradis
Neuilly > Roucas-Blanc
Hippodrome de Longchamp > Hippodrome de Borély
Paris Plages > La Plage
Paris > Aix-en-Provence

Culture – Sorties

Le Centquatre > La Friche de la Belle de Mai
La Bellevilloise > Le Planet Mundo K'fe (ou l'Équitable Café)
Radio Nova > Radio Grenouille
L'Olympia > Le Silo
Le Siècle > Le CNM

Éducation

Lycée Henri-IV > Lycée Thiers
Lycée Janson-de-Sailly > Lycée Provence
Fac de Jussieu > Fac Saint-Charles
Fac d'Assas > Fac de droit d'Aix

PBLV
("Plus belle la vie")

Quelles sont les différences entre "Plus belle la vie" et la vraie vie à Marseille ?

Le cinéma a souvent donné une image exécrable de la ville et des activités favorites de ses habitants hauts en couleurs, parmi lesquelles :

- *galéjer*, c'est-à-dire raconter des conneries (la trilogie de Pagnol, *Le Schpountz*, *Honoré de Marseille*, etc.),
- faire la grève (*Le rendez-vous des quais*, les films de Guédiguian),
- vendre de la drogue et s'entre-tuer (*Borsalino*, *French Connection*, *L'Immortel*),
- ne rien foutre (*Comme un aimant*),
- faire n'importe quoi (*Akoibon*),
- et, bien sûr, attendre les Allemands à la sortie de la gare Saint-Charles pour leur tarifer 25 € le trajet jusqu'au Vieux-Port (*Taxi 1,2,3*, etc.).

Heureusement, les choses s'améliorent enfin dans les années 2000, avec la diffusion nationale d'une sitcom désormais culte, "Plus belle la vie".

Avec ses plus de 2000 épisodes suivis par des millions de Français, "PBLV" est devenue une spécialité locale plus rentable que le transport de conteneurs et plus célèbre que le bloc de savon.

Cependant... comme son titre l'indique très bien, la série "Plus belle la vie" évoque la vie des Marseillais, mais en plus beau. Notre tâche, lecteur, est donc fort ingrate : il s'agit pour nous de vous mettre sérieusement en garde contre toute confusion entre les saynètes de France 3 et la VRAIE VIE à Marseille ! En effet, la ville n'a à peu près rien à voir avec la série qui utilise son décor (parfois) naturel et (souvent) reconstitué en studio.

BON À SAVOIR !

Si c'est dans le quartier historique du Panier que se trouve le Bar des Treize Coins qui a inspiré le Bar du Mistral de la série, c'est au Pole média de la Friche de la Belle-de-Mai qu'il faut se rendre pour avoir la chance d'obtenir un autographe des acteurs, très sollicités par les fans lorsqu'ils sortent du studio...

Liste de ce qui existe dans "PBLV" seulement ET PAS dans la vraie vie de Marseille

• Les junkies, les dealers et les méchants habitent dans des trois-pièces meublés, et décorés exclusivement chez Ikea.

• Les conversations n'ont pas recours aux conjonctions de coordination fréquemment employées dans la ville que sont "Vé", "Enculé", "Sallette" ou "Eh, mon vier", en outre, les acteurs ne crient pas quand ils s'expriment.

• Les gens n'ont pas d'accent ou ont un accent marseillais qui sonne faux.

• Les bars du Panier sont encore ouverts après 21 heures.

• Les bars PMU ressemblent à des bars lounge aixois et personne ne fume à l'intérieur.

• Les opérations de réhabilitation urbaine ont réussi, la preuve : les rues et les façades sont lavées du jour ; même les tags sont propres, discrets et composés de couleurs harmonieusement assorties au crépi ocre des murs de la rue.

• Il n'y a pas de crottes de chien par terre.

Pourquoi les Marseillais passent-il tout leur temps libre dans des talk-shows et des émissions de téléréalité ?

Pas un jour ne se passe sans qu'un Provençal et, plus particulièrement, un Marseillais, ne s'illustre par un strip-tease sur "L'île de la tentation", un concours de drague en bikini à "Koh-Lanta", une maxime philosophique prononcée dans "Secret Story" ou une malheureuse tentative de parler anglais dans "Pékin Express"... Pire, depuis 2012, une émission de téléréalité, "Les Marseillais à Miami", leur est intégralement consacrée. Après une première saison aux États-Unis, les Marseillais ont été envoyé en 2013 à Cancún et en 2014 à Rio. Parmi ses très nombreux talents, le Marseillais excelle dans l'art de retenir l'attention des téléspectateurs par son physique engageant, ses remarques à l'emporte-pièce reprises en boucle sur YouTube, sa verve généreuse et son absence totale de pudeur... C'est pourquoi il intervient très souvent dans les émissions d'été et les sujets légers (Comment avoir un corps parfait ?, Faut-il draguer dans la rue ?, Strip-teaseur est-il un métier d'avenir ?, Peut-on être restaurateur et échangiste ?, etc.), alors que le Ch'ti, lui, est plutôt sollicité pour les émissions à forte teneur sociale (désindustrialisation, chômage, drames familiaux, etc.).
Toutes les sociétés de production de téléréalité ont un bureau de recrutement permanent dans la région, et de nombreuses antennes locales servent de relais d'information pour leurs castings (salons d'esthétique, carrés VIP de boîtes de nuit, bars lounge, etc.). Un décompte fait sur Internet en 2004 sur 413 candidats de téléréalité montrait que le département des Bouches-du-Rhône était le deuxième territoire d'origine de ces candidats après Paris.

Quelques Provençaux cultes de la téléréalité

• **Kim des "Marseillais à Rio"**. Originaire de La Seyne-sur-Mer (et donc s'apparentant à la catégorie dite de la bimbo varoise), jusque-là remarquée pour son tour de poitrine, elle se distingue tout particulièrement en avril 2014 par ses connaissances en astronomie, affirmant à un candidat qu'il y a deux lunes. Son raisonnement est imparable: si à Rio, les Marseillais peuvent voir la lune scintiller au-dessus d'eux, et que les Marseillais restés en France la voient aussi, c'est bien qu'il y en a deux! Deux semaines plus tard, elle surprend à nouveau en présentant aux téléspectateurs une imitation de... sirène d'alarme de voiture, genre vocal dans lequel elle excelle! Plus généralement, les candidats des Marseillais à Miami, à Cancún et à Rio déçoivent rarement les amoureux de folklore méridional.

• **Jean-Édouard de "Loft Story"**. Aixois, DJ, fils de bonne famille et étudiant en droit, blond, incroyablement arrogant, le jeune homme a réussi à lui seul à incarner pour le meilleur et surtout pour le pire le stéréotype de l'Aixois à la télévision.

• **Loana de "Loft Story"**, niçoise. Faut-il encore la présenter ? Cannoise d'origine, championne toutes catégories des bimbos de la Côte d'Azur (voir "Cagolitude", p. 24), gogo danseuse siliconée et créatrice d'une marque de vêtements, Loana est sans doute ce que la région niçoise a produit de mieux avec la salade du même nom, la socca et les caméras de vidéosurveillance. "Un exemple pour nous toutes", déclarait une vendeuse marseillaise dans un article du *Guardian* sur les cagoles...

Et aussi... "Greg le Millionnaire" (Manosque), Jennifer de "Koh-Lanta" (Marseille, saison 10!), Florent de "Qui veut épouser mon fils" (Marseille, plombier le jour et strip-teaseur la nuit!), voilà quelques-uns des innombrables candidats du cru qui contribuent collectivement à donner une excellente image de la région...

Pétanque

Peut-on s'intégrer facilement à un cercle de boulistes?

Fainéant, relâché, que n'a-t-on pas dit sur le Marseillais et les relations très distantes qu'il entretiendrait avec toute forme d'effort physique? Il est temps de faire un sort à cette vieille légende infamante. Car, comme chacun sait, il est un sport athlétique de très haut niveau que le Marseillais pratique sans modération, n'hésitant pas à parcourir parfois jusqu'à 1 kilomètre en voiture pour se rendre sur le terrain... Ce sport, c'est bien évidemment la pétanque, plus couramment appelée *jeu de boules* ou, simplement, *les boules*. Une discipline sportive d'autant plus sérieuse qu'elle dispose de son tournoi mondial marseillais, "La Marseillaise à Pétanque", remporté deux fois sur trois par des Marseillais. Et qu'on l'enseigne dans certaines classes de primaire en cours d'éducation physique et sportive.

Comment réussir son inscription dans un club de boulistes amateurs?

Marqueur fort de la marseillitude, l'obtention de la carte de membre d'un club bouliste ne va pas de soi. Si les obstacles à surmonter ne sauraient être comparés au chemin de croix qui mène au statut d'abonné d'un club de supporters, les novices pourraient se décourager facilement faute d'avoir bien préparé leur entrée en matière. Nous vous recommandons d'étudier la check-list ci-dessous avant de présenter votre demande, car l'échec peut être traumatisant, et il est rare qu'un rattrapage soit proposé aux candidats éconduits.

• Pensez à mettre à jour votre carte d'identité avec une adresse marseillaise.

• Présentez un arbre généalogique avec au moins trois générations marseillaises (des origines corses sont un plus).

• Fournissez une facture d'achat de boules datant de plus de vingt ans.

• Commencez vos visites aux membres du club auquel vous voulez vous inscrire bien avant de soumettre votre demande. N'oubliez pas les cadeaux aux membres du Bureau : pastis, filets garnis, représentations amusantes et évocatrices de l'anatomie de Fanny.

• Soignez votre tenue : pantalon blanc, chemise blanche, espadrilles blanches, casquette aux couleurs du pastis sponsorisant le club (Janot, Ricard, 51 ou Casanis par exemple, renseignez-vous à l'avance). Une fois inscrit, vous pourrez vous contenter d'un traditionnel ensemble marcel ou chemise à rayures et short.

• Ne sortez pas de chéquier pour payer votre adhésion.

• Ne dites jamais "le bouchon" pour le cochonnet !

• Évidemment, ne parlez jamais de vos éventuelles racines parisiennes. Rendez-vous à la page 108 de ce manuel si vous doutez encore de l'intérêt vital de ne pas divulguer ce genre d'information.

Jeux

Parlez-vous pétanque ?

Choisissez parmi ces propositions celle qui correspond à la traduction

1. Fatche, il est allé à Rome sans voir le pape !

a. ❑ Il a perdu la partie de très peu

b. ❑ Il a manqué de savoir-vivre lors de la partie

c. ❑ Il a raté la messe de dimanche dernier

2. Il a encore baisé Fanny la fois dernière !

a. ❑ L'homme dont il est question entretient des relations intimes avec une certaine Fanny

b. ❑ Il a battu une certaine Fanny aux boules

c. ❑ Il a embrassé le "cul de Fanny", matérialisé par un (très) bas-relief installé en général derrière la porte du "club-house" (local technique où se trouve le frigidaire pour les glaçons du pastis – les Marseillais ne disent pas "réfrigérateur"), en vertu d'une vieille règle provençale qui s'applique à ceux qui perdent sans marquer le moindre point…

3. Qu'est-ce qu'un bisou-boule ?

a. ❑ Un porte-bonheur que l'on embrasse avant de tirer pour dégager une boule adverse

b. ❑ Une fellation

c. ❑ Un ramasse-boule magnétique permettant de lever jusqu'à 6 kilos

Réponses : 1a, 2c, 3c

Piston

Peut-on survivre sans piston à Marseille?

Comme vous l'apprendrez très rapidement à la suite de multiples déconvenues, la réponse est non. Faire partie d'un réseau communautaire, partisan, amical, footballistique ou boulistique est souvent nécessaire pour obtenir quelque chose à Marseille, et notamment pour (liste non exhaustive) :

• trouver un job,
• acheter un cabanon,
• faire sauter un PV,
• être admis au Cercle des Nageurs de Marseille, à La Pelle ou au Son des Guitares,
• être placé en terrasse ou tout simplement servi sur la Corniche ou à l'Escale Borély,
• obtenir une place pour un match de championnat (sans même parler d'un abonnement aux Ultras),
• obtenir une subvention pour une association multiculturelle de rapprochement entre les peuples,
• ne pas se faire casser la voiture ou voler le scooter,
• obtenir un rendez-vous chez un directeur de service à l'hôpital, une inscription à l'école pour vos enfants, ou une place pour votre bateau dans le port.

Pour autant, n'émettez point de jugement hâtif sur les mœurs en vigueur dans le sud de la France ! Il faut bien comprendre que dans l'esprit d'un Marseillais, faire profiter le copain, la copine, le frère, la belle-sœur, le cousin, un ami d'ami ou un client n'est pas un acte répréhensible. Il s'agit simplement d'un petit coup de pouce, d'une entraide traditionnelle qui ne saurait lui valoir les reproches d'autres Marseillais. Et encore moins ceux d'un juge d'instruction.

Comment construire une liste électorale marseillaise efficace

À Marseille, la politique est un art complexe des équilibres qui n'a à peu près rien à voir avec les distinctions qui ont cours ailleurs en France, comme la différence entre la droite et la gauche... Outre vos amis corses et italiens, il est utile à Marseille de satisfaire toutes les communautés, et donc de construire une liste socialement, ethniquement, culturellement, religieusement (ainsi de suite) diverse et représentative, et de faire en sorte que ça se voit. Pensez à faire figurer en position plus ou moins éligible :

- un représentant de la communauté maghrébine,
- un représentant de la communauté comorienne,
- un représentant de la communauté juive,
- un représentant de la communauté turque,
- un représentant de la communauté arménienne,
- un représentant des minorités sexuelles,
- un représentant associatif,
- un représentant des cultures provençales minoritaires (félibres, parlarens, occitanistes, etc.),
- un footballeur (si possible connu),
- un syndicaliste,
- un artiste (si possible subventionné),
- et un ou plusieurs opposants récupérés du camp adverse.

Jeux

Bien s'orienter dans les réseaux marseillais

Retrouvez, pour chaque situation, quel interlocuteur institutionnel marseillais est le mieux à même de vous rendre service… Indice : plusieurs réponses sont possibles.

1. Remporter un marché public
2. Créer une association euroméditerranéenne de promotion du vivre ensemble
3. Se loger dans un T5 pas cher
4. Trouver un job à 4 000 € nets
5. Contourner la carte scolaire
6. Abuser de biens sociaux

A. Mairie de Marseille

B. Marseille Provence Métropole (MPM)

C. Conseil général des Bouches-du-Rhône (Cg 13)

D. Région PACA

E. Docker CGT Marseille

F. FO Territoriaux

G. Un ami corse

Réponses : Soucieux d'éviter de longues et coûteuses représailles judiciaires, les auteurs vous laissent lâchement trouver vous-mêmes les réponses à chaque question, en consultant au besoin les archives de *La Provence*.

Pizza

Comment se comporter dans une pizzeria marseillaise ?

Vous pensiez que la bouillabaisse était le plat le plus typique de Marseille ? Erreur, c'est la pizza qui règne seule sur la ville. Marseille est une cité où les Napolitains ont ouvert une pizzeria à chaque angle de rue. Cinquante-quatre camions pizza (une invention marseillaise) complètent ce dispositif afin que toute la ville soit quadrillée, sans même parler des comptoirs de pizzas à emporter. Vous n'êtes donc jamais à plus de 30 mètres d'une pizza à Marseille, et il vous faudra au moins une année pour faire le tour des "meilleures pizzas de la ville". Plutôt que de partir à l'aveuglette à la recherche de la pizza magique (au risque de prendre 10 kilos par an), faites votre sélection parmi les pizzaïolos les plus réputés (lire notamment *Les meilleurs restos de Marseille*, de Marion Kressmann aux éditions Les Beaux Jours), et suivez le mode d'emploi ci-après.

Règles de savoir-vivre chez un pizzaïolo star

À Marseille, on ne va pas manger une pizza dans un restaurant, on se rend chez un pizzaïolo. Les institutions de la pizz' marseillaise portent ainsi souvent le nom de leur fondateur: Chez Jeannot, Chez Étienne, Chez Sauveur, Chez Dédé, etc. Il est essentiel de bien intégrer cette donnée pour que vos échanges avec les pizzaïolos marseillais et leurs serveurs se déroulent dans un climat serein.
Vous devrez donc vous faire tout petit et accepter sans broncher les multiples humiliations qui ne manqueront pas de vous être infligées lors de vos premières visites (voir aussi "Bar", p.13). Prenons l'exemple d'une soirée Chez Étienne, la *pizzaria* corse incontournable de Marseille en général, et du Panier en particulier.

Ne faites pas valoir vos droits

Si le serveur fait passer devant vous un couple à qui il claque la bise en criant "Oh Zé, ça va ou quoi ?", ne protestez pas. Idem s'il drague les néo-cagoles fashion (voir p.28) qui passent dans la rue. Vous attendez depuis une heure et vous avez déjà bu quatre apéritifs pour patienter ? Certes, mais vous n'êtes rien, on a déjà daigné vous laisser faire la queue alors montrez-vous humble et reconnaissant, et surtout taisez-vous. Le serveur a sans doute fait passer devant vous quelqu'un qui le méritait : joueur de l'OM, élu municipal, artiste local, habitant ou figure du quartier, habitué, etc.

Ne réclamez pas de supplément

Quand on parle de pizza ou de *pizze* marseillaise, on ne fait pas référence aux maxi-royales de Pizza Hut ni aux pizzas garnies au steack haché ou à la crème fraiche. Non, la pizz' marseillaise se déguste selon la tradition avec un minimum d'ingrédients : tomate, anchois, fromage, olives noires. Point. N'allez pas vous faire mal voir en composant votre pizza ou, pire, en réclamant des suppléments de ceci ou de cela. Ne demandez pas non plus "la carte": il n'y a pas de carte.

Honorez le patron

Si par quelque miracle le patron décide de venir vous saluer, vous serre la main ou, distinction ultime, vous fait la bise, vous devez évidemment vous incliner légèrement à son arrivée et vous montrer digne de l'honneur qui vous est fait. Mais il est très peu probable que cela vous arrive les premières fois.

Sachez faire la différence entre un food-truck et un camion pizza lambda

Depuis l'introduction à Paris en 2011 par une cuisinière californienne du Camion qui fume – qui propose des burgers de qualité et se déplace dans la ville –, la folie du food-truck et de la "street food" a envahi les centres des grandes villes françaises. Elle a fait quelques émules à Marseille, avec notamment Fish & Shipe (par le restaurateur de La Boîte à Sardines), camion élu en 2013 meilleur concept food-truck de France. Reste que le food-truck, appellation pompeusement nord-américaine et branchée, est une réinvention de la roue si on considère que les pizza-trucks ont débarqué à Marseille en... 1960 !

Comment éviter le piège à touristes?

Si on peut, à la condition de respecter scrupuleusement les règles précédemment détaillées, se régaler à Marseille, les auteurs ont pour devoir de vous mettre en garde contre une catégorie de restaurant bien connue des Marseillais et un peu moins des touristes naïfs : le piège marseillais.

Voici les signes qui doivent vous mettre en garde :

• Le serveur ou le patron fait la gueule car vous arrivez après 13 heures 30, alors que le cuisinier est sur le point de partir.

• Le serveur crie au patron à travers la salle : "Oh Roger, ils veulent manger !"

• Le cuisinier, qui a entamé une grève perlée et sélective, ne vous servira pas de pizza / de poisson / de côtelette / etc., entre 13 heures et 13 h 45.

• Le cuisinier ne vous fera qu'une salade car il est en train de fermer la cuisine.

• Le serveur vous demande de vous regrouper à côté des autres clients parce qu'il commence à ranger les tables de l'aile droite de la salle.

• Vous êtes un touriste anglophone et le serveur vous annonce dans son meilleur anglais de Marseille : "This is the Carte" ou "I ferme dans une demi-heure".

• L'établissement n'accepte pas les chèques et ne prend la CB qu'à partir de 27 € par personne.

• Le serveur sort une carabine de derrière le comptoir pour régler un léger différend concernant le supplément rouille de la bouillabaisse royale à 67 € par personne (dans ce dernier cas de figure, il est souvent trop tard pour réagir).

Plage

Comment survivre aux plages marseillaises?

Les techniques marseillaises pour être VIP à la plage

Difficultés de stationnement, saleté, ambiance "chaude" propice à l'*engatse*... Les Marseillais sont volontiers sévères quand ils jugent leurs plages. On comprendra donc aisément que trouver des feintes pour se baigner loin de l'afflux populaire soit un sport qu'ils pratiquent avec talent...

Aller à la plage ailleurs

En règle générale, seules les touristes égarées et les cagoles en RTT se baignent à Marseille. Le Marseillais bourge estime quant à lui que l'eau est trop sale, le bord de mer trop mal fréquenté, les places de parking trop rares, le paysage pas assez naturel et les glaces pas assez chères. Il se rend donc à Cassis ou aux Lecques. Pour les autres, la piscine reste la meilleure façon de ne jamais mettre les pieds à la plage.

Le CNM

Légèrement en surplomb et dûment séparé de la plèbe qui se masse sur la plage des Catalans voisine, le Cercle des Nageurs de Marseille (dites simplement "le Cercle") est le point de ralliement de la bourgeoisie locale. Il reste avec La Pelle le meilleur endroit VIP de Marseille, à condition de débourser une coquette somme et de disposer de solides recommandations (deux parrainages de membres ayant au moins cinq ans d'ancienneté).

Le cabanon

Si le bourgeois se rendait l'été dans sa bastide autour de Marseille, l'ouvrier pouvait s'enorgueillir d'avoir son cabanon. De nos jours, un certain flou est de mise dans la définition du cabanon : c'est une entité habitable de bord de mer qui peut aller de quatre planches sommairement assemblées sur un terrain vague accessible par sentier caillouteux (sans permis de construire), à une villa de douze chambres avec piscine et tennis dominant la rade de Bandol (sans permis de construire). Selon une logique allant du plus prestigieux au moins avouable, le cabanon peut être hérité, construit, acheté, loué ou prêté par un pote... C'est le lieu idéal pour s'adonner à tous les loisirs marseillais : jouer aux boules, faire des sardinades, boire du pastis, parler du match, faire la sieste à l'ombre, etc.

Le bout de plage privatisé

Le matelas-transat-accès privé à la mer offre aux Marseillais soucieux de tranquillité un espace préservé du tout-venant : Le Bistrot Plage, Le Petit Pavillon (promis à la fermeture) et les hôtels de luxe de la Corniche disposent de telles installations.

Le spot branché

De même qu'il existe des bars, des piscines, des boîtes, des marques de fringues ou de lunettes branchées, il y a aussi des plages qui le font plus que d'autres... Selon la logique classique de la mode, les plages branchées sont d'abord fréquentées par une minorité bien informée de people de plage (ce qui ne veut rien dire puisqu'une vraie star ne va pas à la plage, et encore moins à Marseille), puis assaillies par le grand public. Elles sont alors dédaignées par les *early adopters* qui bougent leurs serviettes vers un nouveau coin, et ainsi de suite jusqu'à ce que le littoral soit épuisé et que le mouvement reparte en sens inverse.

Les habitués des plages marseillaises et leurs spots de prédilection

Pour les lecteurs qui, malgré les mises en garde précédentes, souhaiteraient tout de même goûter aux charmes d'une étendue de sable (ou de graviers...) accueillant autant de monde que la galerie de Grand Littoral un samedi après-midi, voici une brève typologie des Marseillais qu'ils risquent d'y croiser...

Le sportif

Le sportif estime que la plage lui revient de droit. En général, on le retrouve un peu à l'écart (contre un mur, sur une plateforme en béton), à un poste d'observation d'où il scrute la masse des vacanciers. Le reste du temps, il joue au volley en public ou surveille les nageurs d'un air concerné, bien qu'il ne possède aucune formation de sauveteur en mer.
Plages de prédilection : le Prophète, les Catalans.

Le cake de plage

Le cake de plage est ici pour une raison simple : draguer des touristes ou des Marseillaises. Il aborde la plage comme il le ferait d'une boîte de nuit gratuite, ouverte en journée et sans videur à l'entrée. Armé de son short, de ses tongs, de ses lunettes, de sa sacoche, de son paquet de Marlboro et de ses clés de scooter, il procède par étapes. Pour commencer, il étudie le terrain depuis un poste en surplomb, repère quelques cibles dignes d'intérêt (en général des bancs de cagoles, voir "Cagolitude", p. 24), puis fonce en piqué sans perdre de temps. Les choses commencent en général par des "Oh tch'y es charmante Madame, tch'y as pas une cigarette ?", et se poursuivent par un "Oh tch'y habites en Allemagne, il fait pas beau là-bas !", quand la cible se révèle être non francophone. La rencontre peut se conclure sur une note positive : prise de 06 et promesse de se retrouver dans une boîte de cakes à minuit (voir "Nuit", p. 95).

Plages de prédilection : les Catalans, Gaston Defferre (le Prado), Bonneveine, Épluchures Beach (plage de surfeurs), Pointe-Rouge, les Corbières.

La girelle de plage

Aussi appelée galinette, bombasse, elle est la cible favorite du dragueur de plage. Son objectif est double : ne rien faire et bronzer. Elle choisit pour cela un lieu agréable, afin de se prélasser en lisant un article sur les régimes amincissants tout en téléphonant sur son iPhone et en fumant. Si elle vient en groupe, elle est capable de rester huit heures d'affilée sans rien faire à part se mouiller la nuque une fois par heure.

Plages de prédilection : les plages de sable fin, quand elle ne se méfie pas des cakes de plage (les Catalans, le Prophète, Pointe-Rouge). Si elle est plus expérimentée, les plages peu accessibles et donc sans cakes (le Vallon des Auffes, l'Abricôtier, le Bains des Dames, Malmousque, Les Goudes, l'anse des Sablettes, le Frioul, etc.).

Polar (marseillais)

Comment écrire un polar marseillais sans se fatiguer ?

C'est devenu un passage obligé pour l'écrivain de région provençale. Le roman policier ancré dans la vie phocéenne s'est fait un nom, au point d'accéder au statut envié de mouvement littéraire. Ce petit tableau des équivalences polar international / polar marseillais a pour but d'aider le fainéant avide de succès rapide que vous êtes à triompher des difficultés inhérentes à l'adaptation du polar dans notre belle ville de Marseille. Il deviendra rapidement un classique au même titre que *Le dictionnaire des rimes*, *Le manuel de scénario pour film catastrophe à gros budget* et, bien sûr, l'incontournable *Code de la route marseillais pour film de course-poursuite*.

Le polar marseillais pour les nuls

Pour faire un polar marseillais, munissez-vous des éléments suivants :

• un classique du roman noir en format poche (par souci d'économie),

• *Le parler marseillais* de Robert Bouvier (éditions Jeanne Laffitte),

• le tableau d'équivalences suivant qui vous servira de pense-bête.

Étape 1 : créez votre héros de polar marseillais

Changez les noms des personnages en vous inspirant des exemples fournis dans ce tableau d'équivalences :

Héros d'origine	Héros marseillais
Lemmy Caution	Fernand Gaffe
Philip Marlowe	Philou le Marlou
Hercule Poirot	Marius Pistou
Sherlock Holmes	Fouille-Merde
Le commissaire Maigret	Le quasi-maire Mégret
San-Antonio	Santi-Belli
Malko Linge	Marc Mal
Fantomas	Bernard Tapie
Inspecteur Harry	N'Guyen Van Loc
Michael Corleone	Francis le Belge
Bonnie & Clyde	Carbone et Spirito

Étape 2 : trouvez le décor idéal pour votre intrigue

Changez les noms des lieux en vous inspirant des exemples fournis dans le tableau ci-dessous :

Lieu d'origine	Lieu marseillais (ou dans les environs…)
5e Avenue	La Canebière
Empire State Building	La Maison du Fada
Long Island	Les Goudes
Pont des Soupirs	Pont levant de Martigues
Golden Gate	Pont d'Avignon
Brooklyn Bridge	Pont de la Fausse-Monnaie
Le Bronx	Les quartiers Nord
Hollywood	Ollioules
La place Rouge	Pointe-Rouge
Tchernobyl	Cadarache
Kennedy Airport	Marignane
Newark Airport	Aéroclub Les Milles
Central Park	Le parc Chanot
CNN	France 3 Méditerranée
Silicon Valley	Le Vallon des Auffes
Sing Sing	Les Baumettes
Alcatraz	Le château d'If
NYPD	L'Évêché
Times Square	La Montre
Big Apple	La Pomme
Las Vegas	Casino municipal de Carry-le-Rouet
Chicago	Toulon
Le Mississippi	L'Huveaune
Le Missouri	Le Jarret
Disney World	OK Corral
Miami	L'Estaque Plage
Victoria Station	L'Estaque Gare

Étape 3 : faites parler vos héros avec de vraies expressions marseillaises

Munissez-vous à présent du *Parler marseillais* de Robert Bouvier. Le principe consiste à repérer les mots qui vont se prêter à une traduction aisée en marseillais. Changez les mots en vous inspirant des exemples fournis dans ce tableau d'équivalences :

Expression d'origine	**Expression marseillaise**
Cette fille commençait à m'énerver	Elle venait à me gonfler cette girelle
L'inspecteur arrive avec son équipe	Cette estrasse se ramène avec ses bras cass
Bon sang, mais c'est bien sûr !	Fatche de con ! Macari
Achève-le	31 32
Elémentaire, mon cher Watson	Tu l'as vue la Pomponette ?
Ils ont réussi à s'enfuir	Y a plus dégun
Miss Blandish pénétra dans la pièce	Putain ! Elle est tanquée
On s'est mis dans de beaux draps !	On s'est empégué dans une engatse !
Taxi, suivez cette voiture !	Faï tira
Je ne donnerai pas les microfilms	Tu peux te séguer
Je l'ai abattu comme un chien	Je l'ai tombé comme une estrasse
Un double Scotch !	Un Casa grand verre !
Un Bloody Mary, Loyd !	Une Mauresque, Zé !

Notre conseil

N'hésitez pas une seconde à parsemer votre texte de recettes de cuisine locale, Manuel Vázquez Montalbán le fait depuis toujours, tout comme Donna Leon avec son commissaire Brunetti.

PPP
(Prado, Périer, Paradis)

Où trouver des riches à Marseille?

Les touristes qui arpentent la Canebière se demandent souvent s'il y a des riches à Marseille... Il est vrai qu'au premier coup d'œil, ça n'a rien d'évident! En fait, il reste; simplement, comme ils sont malins, ils se cachent. Comment les reconnaître? Apprenons à mieux comprendre le PPP, désigné ainsi en raison de son lieu de vie, le carré d'or marseillais délimité par le bord de mer et les trois "P" de l'avenue du Prado, du boulevard Périer et de la rue Paradis.

La vie du PPP, de la naissance à la reproduction

À sa naissance, le nourisson PPP est affublé d'un nom qui ne fait pas Marseillais (c'est-à-dire ni Kevin, ni Jonathan, ni Loule, ni Jamel, etc.). Bien que son état civil archive une indélébile origine marseillaise, toute l'éducation à venir aura pour objectif d'en effacer les traces et les stigmates.

Tout jeune, le PPP est ainsi séparé des autres Marseillais et évolue en milieu préservé: ses parents se réfugient avec lui le plus loin possible, idéalement sur les hauteurs du Roucas-Blanc, sorte de Beverly Hills local. L'idée étant d'éviter au maximum la contamination marseillaise et ses symptômes (accent marseillais, port du jogging en soirée, fréquentation des virages du stade, géographie mentale située entre L'Estaque et Les Goudes, etc.).

Adolescent, le PPP reçoit en cadeau ses premiers polos Ralph Lauren qu'il portera le col relevé, sa première montre de luxe, et, à seize ans, il prend son indépendance grâce à sa première vespa. Puis vient le temps de la première Smart, de la première copine PPP qui partage son temps entre les footings sur la Corniche, les brunchs d'hôtels du 8e et les emplettes rue Paradis ou à Aix.

Plus tard, son éducation se poursuivra dans le cadre d'un lycée privé catholique (et ce, bien qu'il soit lui-même catholique, juif, orthodoxe, etc.), puis en droit à Aix ou en médecine à Marseille. À moins qu'il n'opte pour Paris ou l'étranger, ce qui achève de le démarseillaniser et permet de réduire l'engorgement local en avocats et en médecins. S'il est particulièrement feignant ou stupide, il devra se contenter d'une *business school* privée. Dans le pire des cas, enfin, l'enfant de PPP peut devenir DJ de house dans une boîte à Aix ou vendeur de cocaïne, mais c'est plutôt rare.

ZUS – Zones urbaines sensibles

Rue Paradis • rue Breteuil • square Monticelli • Roucas Plage • Le Jardin de Thalassa • La Réserve • Talabot • Les Alpilles • les clubs privés de la Corniche • Small's • Le Delibes • Provence • Notre-Dame de Sion.

Autres zones urbaines sensibles en périphérie

• Aix-en-Provence

Aix-en-Provence est un immense supermarché du terroir, fournissant calissons traditionnels, huileries essentielles bio et parfums de lavande aux tour-opérateurs des quatre coins du monde. Championne nationale de l'achat de sous-vêtements féminins, selon une vieille statistique jamais vérifiée, Aix est un poste avancé de la parisianisation de la Provence, et les Aixois de vils collaborateurs à la solde du Parisien. La rencontre annuelle entre Aixois et Parisiens a lieu lors du célèbre Festival d'art lyrique d'Aix-en-Provence. Durant cet événement, qui utilise la musique classique comme paravent médiatique, des messes noires sont organisées dans les caves par le complot parisiano-aixois, invoquant les dieux marins et les suppliant d'inonder Marseille sous une vague géante.
À part ça, il n'y a pas grand-chose à en dire, sinon que le patrimoine architectural aixois fait pâle figure en comparaison du musée à ciel ouvert qu'est le centre de Marseille...

• Cassis

Alternative résidentielle au Roucas-Blanc, réputé pour ses calanques et ses menus de la mer à 39 € (hors boisson), ce charmant port de pêche voit chaque année, entre les week-ends de mai et la fin août, défiler les Marseillais venus y tester leur nouvelle voiture sur la route de la Gineste. Cassis est également célèbre pour la température de son eau, qui dépasse rarement les 20 degrés au plus fort de la canicule, et pour son cap Canaille, plus haute falaise d'Europe et haut-lieu de dramatiques accidents de frein de membres du milieu local.

Puces

Comment survivre au marché aux puces?

Le marché aux puces de Marseille, régulièrement dénoncé comme marché à la sauvette ou marché de la misère, est l'épine dans le pied des plans de réhabilitation marseillais visant à transformer la ville en un improbable centre d'affaires euro-méditerranéen. Trop bordélique, trop encombré, ce marché géant serait en voie de normalisation. On envisagerait de lui donner un nom qui fait moderne et world culture, du genre "marché des cinq continents", afin d'y promener les croisiéristes. On pourrait vous dire d'y aller vite avant que ce morceau de "trash market" marseillais ne se transforme en halle à brocante Côté Sud et en étals d'épices orientales à 9 € les 100 grammes... Mais bon, en fait, on n'y croit pas un brin. Vous avez encore le temps!

Matériel à prévoir

Munissez-vous d'un sac Tati pour passer inaperçu. Prenez des chaussures robustes et évitez les jours de pluie, lors desquels les allées du marché non couvert sont difficilement praticables. Le GPS est inutile: la circulation est impossible le week-end à Marseille. Préférez les transports en commun pour une immersion ethnographique totale.

Comment se rendre aux puces

À la sortie du métro Bougainville, des bruits de bouche typiquement locaux, sortes d'inspirations par à-coups, accueillent à coup sûr toute représentante de la gente féminine âgée de dix-huit à vingt-cinq ans. Attention : il ne faut ni paniquer, ni ralentir le pas pour autant. Le bruit de bouche wesh wesh est une manifestation d'admiration.

Prenez un des bus se rendant au marché. Constatez au passage que cent trente personnes peuvent tout à fait rentrer dans un bus de la RTM... Puis descendez, comme tout le monde, à l'arrêt Capitaine Gèze.

Visitez le marché

Un marché à la sauvette s'installe le matin sur les voies d'accès à l'autoroute. Prudence donc jusqu'à l'entrée dans l'enceinte du marché ! Aucun policier n'étant réquisitionné pour faire la circulation, le parcours consiste à slalomer entre les étals, les passants, les voitures et les vendeurs de merguez.

Le marché est fréquenté en majorité par les Maghrébins et les Africains des quartiers Nord de Marseille, et par quelques bobos photographes ou ethnologues en pleine mission d'observation. Une fois à l'intérieur de la halle, le slalom continue. À l'entrée, les échoppes de pizza et de pâtisseries orientales méritent un arrêt, autant pour les pizzas de L'Oranaise que pour l'ambiance gouailleuse qui y règne. Les trois pizzas vendues au prix imbattable de 9 € expliquent aussi le succès du lieu.

Enfin, profitez-en pour faire quelques achats à la brocante du marché, histoire de customiser votre déco néo-provençale pour le tiers du prix des (mêmes) meubles en centre-ville.

Pour les lecteurs agoraphobes, une visite en modèle réduit de souk oriental est aussi possible en centre-ville, au marché Noailles, rue Longue-des-Capucins ou au marché du Soleil.

Raggaïoli

Comment bien faire du son marseillais?

En matière de culture, le Marseillais n'aime rien tant que... Marseille. En littérature, il opte pour le polar marseillais (voir "Polar [marseillais]", p. 133). En musique, c'est pareil. Il n'écoute que du son marseillais, composé par des groupes de Marseille, dans des studios marseillais, avec un producteur marseillais, et dont les textes parlent... de Marseille, évidemment. Les groupes marseillais ont même leur club de supporters sur le modèle de la *Chourmo* du Massilia. Le Marseillais peut aller encore plus loin dans le chauvinisme et vous parler d'un groupe qu'il adore parce que ses membres sont, comme lui, originaires de Mazargues, du Canet, de la Capelette, de L'Estaque, de Sainte-Anne, de La Plaine, de Saint-Antoine, etc.

Fidèle à sa tradition d'indépendance, Marseille est une ville qui a développé son propre style musical, loin de toute influence française classique. En dépit de l'éclosion d'une jeune scène électro et pop ces dernières années, le hip-hop et le reggae règnent en maîtres sur la *marseillaise touch*.

Pour décrire le style marseillais et la fusion d'influences locales ou lointaines qui forge son identité, on parle parfois d'"aïolisation" culturelle[1].

---

1. Cité par Médéric Guasquet-Cyrus dans *Le Marseillais pour les nuls*, First Éditions, 2012.

La playlist marseillaise ultime

"Rendez-vous à Marseille", Massilia Sound System
"Dimanche aux Goudes", Massilia Sound System
"Bad Boys de Marseille", IAM feat. Fonky Family
"Belsunce Breakdown", Bouga
"Marseille", Keny Arkana feat. Kalash l'Afro & RPZ
"M.A.R.S.", Soprano feat. Mino
"J'aime l'OM", Jo Corbeau
"Savon de Marseille", Jo Corbeau
"15e Hardcore", Kenza Farah feat. G-A-P of Soosol
"Pump Da Bass", Jack de Marseille
"Le Panier", Raspigaous
"Ah, putain qu'il fait beau !", Quartiers Nord
"Tombé du camion", Quartiers Nord (ces deux derniers morceaux sont extraits de la première opérette-rock marseillaise de l'histoire de l'humanité, *L'Odyssée de L'Estaque*).

Toi aussi, deviens une star de la planète Mars !

Gardez toujours en mémoire la règle numéro un : quel que soit le brassage musical pratiqué (world marseillaise, manouche marseillais, ragga marseillais, raï marseillais, punk rock marseillais, rap marseillais, dubstep marseillais, etc.), l'important est de bien mentionner Marseille dans le nom du groupe, le titre de l'album et le plus de chansons possibles.

Mode d'emploi n° 1 : j'invente mon groupe de ragga occitan

Popularisé par Jo Corbeau et le Massilia Sound System, le ragga occitan, que les spécialistes appellent raggaïoli, est un genre typiquement marseillais. Prenez exemple sur ce mode d'emploi et créez votre tendance néo-provençale festive :

1. Prenez un billet pour l'élection de la reine d'Arles : sur place, enregistrez quelques extraits de danses traditionnelles.

2. Samplez le résultat en courtes boucles.

3. Placez quelques breaks de tambourin.

4. Renommez le tout : Électro-Fifre, Ragga-Pastagua, Aïoli-Dub, etc. Trouvez un cri de ralliement sur le modèle de *Aïoliii !!!* (Massilia) : *On met le Òai*, *On boulègue*, *On fout le Bronx*, etc.

5. Pour populariser votre groupe au-delà de la région, faites une reprise de Justin Bieber, Britney Spears ou Radiohead jouée entièrement au galoubet, en traduisant le titre en occitan.

Mode d'emploi n° 2 : je crée ma chanson de rap marseillais

Accent marseillais à couper au couteau, citation de noms de rues, de cités ou de quartiers marseillais dans une chanson sur deux, les rappeurs locaux sont un peu devenus les régionalistes d'aujourd'hui. Voici les quelques règles à respecter à la lettre pour intégrer la famille du rap marseillais :

1. Dans le rap en général, mais surtout à Marseille, il est crucial de "représenter". C'est-à-dire de revendiquer son origine géographique et son territoire de la manière la plus précise possible. Exemple : vous pouvez représenter le 13, le quartier du Plan d'Aou, le parc Kallisté, la cité Félix-Pyat, bât. A, ou encore le parc Talabot, même si, dans ce dernier cas, vous serez sans doute moins crédible aux yeux des puristes.

2. En plus de représenter, il ne faut jamais hésiter à insérer dans les lyrics le nom de votre propre groupe ainsi que les pseudos de tous ses membres. Cela peut parfois occuper la moitié du texte de votre chanson, surtout s'il y a des featurings (des collaborations avec des MC de la cité d'à côté, quoi).

3. Créez un Skyblog pour populariser votre musique et invitez d'autres MC à partager vos vidéos sur les plateformes en ligne. N'oubliez pas de créer une marque de t-shirts dans la foulée.

4. Dites du mal des Parisiens : les rappeurs marseillais haïssent les rappeurs parisiens. En résumé, le rappeur de Seine-Saint-Denis (la banlieue parisienne, donc assimilée ici à Paris) a les dents sales et pointe son doigt face à la caméra, filmé en contre-plongée pour faire encore plus peur. Il veut en outre niquer la police et foutre le Bronx sur les Champs-Élysées. Le rappeur marseillais, au contraire, apprécie le chant des cigales, sirote des 51 à l'Escale Borély ou sort en boîte pour lever de la gadji. Bref, il vit à la cool sous le soleil, en bon Marseillais qu'il est.

(Mauvaise) Réputation

Comment améliorer l'image de Marseille?

En dépit d'un réel retournement d'image survenu au tournant du millénaire (effet Coupe du monde 1998, "movida" marseillaise, TGV, "PBLV", Capitale européenne de la culture 2013, etc.), Marseille traîne encore sa mauvaise réputation. Et si le rêve des édiles est de s'appuyer sur cet engouement récent pour transformer Marseille en Club (euro-)Med, la réalité contredit quotidiennement ce projet utopique. En général, la lecture de la presse locale commence (très) mal, avec un fait divers en une, pour s'achever sur une note plus joyeuse, avec la météo du jour. Quant à la presse nationale, voici la liste des événements qui la pousse à se pencher sur le cas de "la cité phocéenne" (par ordre décroissant de fréquence) :

• Grève, dont les principales variantes sont la grève perlée à horaires variables dans les transports, la grève odorante, le débrayage, les opérations escargot en centre-ville, la grève dite totale ou paralysante, plus rarement la grève du zèle.

• Délinquance en bande organisée, et notamment carjacking, go fast, moto rodéo, fusillade, règlement de compte en plein jour, reportage d'ambiance dans les ZUS (voir aussi "Nord [quartiers]", p.93).

• Chronique politico-judiciaire, dont attribution frauduleuse de marché public, trafic d'influence, attribution d'emploi public fictif, prise illégale d'intérêt, détournement de subvention, racket organisé, évasion fiscale, bourrage d'urne, vote de morts, doublement de cartes d'adhérents, etc.

• Catastrophe naturelle dont mistral, incendie, chute de neige d'au moins 2 centimètres.

• Plan social, notamment plan de restructuration de multinationale de l'agroalimentaire, de la lessive, du transport aérien ou du thé.

• Incident nucléaire, par exemple légère fuite sans conséquence dans le réacteur numéro 2 du Tricastin, ou accident mineur de niveau 1 au centre de Cadarache.

• Et aussi, quelques sujets plus réjouissants, comme l'arrivée de l'été, les micros-trottoirs sur la Canebière après une victoire de l'OM, les pêcheurs marseillais interrogés sur le périmètre du parc national des Calanques ou sur le rôle de la Commission européenne, etc.

Décrypter les euphémismes marseillais

Bien parler de Marseille et donner-une-bonne-image-de-la-ville, c'est avant tout une question de vocabulaire, et cela s'apprend ! À Marseille, il est fréquent qu'une chose en signifie une autre. Décryptons ensemble les pièges et autres sous-entendus du politiquement correct marseillais :

Marseille est une ville méditerranéenne ➔ C'est sale et les gens se garent n'importe où.

Marseille est une ville rebelle ➔ Priez pour que votre supercargo ne reste pas bloqué dans la rade en cas de grève.

Marseille est une ville populaire ➔ Les gens mangent des merguez et vont au travail en jogging.

Marseille a 2 600 ans d'histoire ➔ Formule répétée à l'envi lors de tout discours officiel et de toute inauguration. Peu importe que personne ne sache vraiment ce qui s'est passé entre le mariage de Gyptis et Protis et, disons, le deuxième mandat de Jean-Claude Gaudin… L'idée à retenir c'est que les gens changent difficilement leurs habitudes.

Reconquête du centre-ville, réhabilitation, requalification, rénovation ➔ Termes employés indifféremment pour évoquer les propositions de relogement le plus loin possible des immigrés maghrébins et africains. On dit souvent que les Marseillais sont racistes : c'est évidemment complètement faux. Simplement, ils attribuent la responsabilité de la délinquance aux Maghrébins, les hausses de loyer aux Parisiens et la pauvreté de la ville aux Aixois.

Jeux

Jeu n° 1
Décrire Marseille sans clichés : la marseillologie

Selon ses inventeurs, de jeunes chercheurs en sciences sociales, la marseillologie est une pseudo-science de l'explication de pourquoi Marseille est Marseille, un type de discours qui conduit à l'insupportable « vous ne pouvez pas comprendre, vous n'êtes pas d'ici » (paradoxe sublime, quand cette sentence intervient juste après un autre passage obligé de la marseillologie, qui vante la ville composée de gens qui viennent d'ailleurs[1]). »

« Écoutez n'importe quel élu [ça fonctionne aussi pour certains « experts »], expliquent les marseillologues critiques, et vous n'attendrez pas longtemps avant d'entendre : 2600 ans, cité phocéenne, rebelle, multiculturalisme, clientélisme, OM, porte d'Orient... Privez-les donc de ces quelques mots-clés, et ils se retrouvent perdus, incapables de "dire" quelque chose. »

Cette marseillologie, dont on a compris qu'elle était une manière de moquer ces discours prêts à l'emploi et surchargés de clichés sur la ville, se déploie des terrasses de bistrots aux plateaux de télévision en passant par les séminaires de recherche.

---

1. Pour une définition détaillée de la marseillologie, lire « Qu'est-ce que la marseillologie ? S'en méfier, s'en moquer et s'en parer ? » par Nicolas Maisetti sur le blog Marseille Internationale, 28 mars 2013.

Bingo de Marseillologie

En partenariat avec les membres de la Nouvelle Société savante de marseillologie, le *Manuel de survie* vous propose un bingo de marseillologie.

Pour jouer, c'est très simple : assistez à une discussion sur Marseille entre amis, élus locaux, experts ou journalistes. Cochez les cases du bingo ci-contre chaque fois qu'une expression est prononcée. Quand vous avez rempli une ligne ou une colonne, c'est gagné !
Et si vous remplissez toute la grille lors de la même conversation, du même discours ou du même débat télévisé, alors c'est le Super Bingo !

Clientélisme	French Connection	Arabe	Gaston Defferre	Reconquête du centre-ville	Sardine (qui a bouché le Vieux-Port)
Ville rebelle	Kalachnikov	Grève	Canebière	Front national	Bonne Mère
Jean-Noël Guérini	2 600 ans d'histoire	Bouillabaisse	Gabian	Ville populaire	Cogestion
Porte de l'Orient	Chicago	Hip-hop	Bernard Tapie	Gyptis et Protis	Euroméditer-ranée
Fini-parti	Corse	Emploi(s) fictif(s)	Quartiers Nord	Dialogue interreligieux	Brassage des cultures

Jeu n° 2
Choisir les bons chiffres pour évoquer la ville

Dans un premier temps, remplissez la colonne 2 en replaçant les chiffres correspondants.

Puis, dans la colonne 3, décidez s'il faut évoquer ce chiffre (Oui ou Non) dans le cadre d'une plaquette touristique à destination du tourisme d'affaires et de congrès.

Chiffres à placer dans la colonne 2 : **25 – 26 – 80 – 80 – 50 – 800 – 23 – 2 800**.

Phénomènes typiquement marseillais	**Fréquence moyenne**	**Faut-il en parler ?**
Agressions	… par jour	
Température moyenne en juillet	… degrés	
Braquages	… par an	
Jours de grève par an (moyenne par service)	… jours par an	
Population éligible au logement social	… %	
Heures d'ensoleillement	… heures par an	
Heure de fermeture du métro en semaine	… heures	
Mistral	… jours par an	

Réponses :
Colonne 1 : 26 (agressions) – 25 (température moyenne en juillet) – 800 (braquages) – 50 (jours de grève par an) – 80 (population éligible au logement social) – 2 800 (heures d'ensoleillement) – 23 (heure de fermeture du métro) – 80 (mistral).
Colonne 2 : agressions, braquages, jours de grève, population éligible au logement social, horaire de fermeture du métro : **Non** ; température moyenne en juillet, heures d'ensoleillement par an : **Oui** ; mistral : laissé à l'appréciation du rédacteur.

Jeu n° 3
Bien orienter les touristes

Vous êtes chargé de l'accueil des croisiéristes américains et hollandais. Vous allez devoir proposer un parcours touristique en choisissant à chaque fois la réponse la mieux à même de donner une bonne image de la ville :

1. Pour chiner dans un ambiance de souk oriental, vous conseillez :

a. ❑ Le marché du Soleil
b. ❑ Le marché aux puces
c. ❑ La porte d'Aix

2. Pour un déjeuner typiquement marseillais, vous envoyez vos touristes déguster :

a. ❑ Un Americano mayo-ketchup sur la Canebière
b. ❑ Une bouillabaisse royale sur la Corniche
c. ❑ Une salade niçoise à l'Escale Borély

3. Un touriste vous demande s'il peut laisser sa BMW garée en ville, vous lui répondez :

a. ❑ "Oh pauvre, vous êtes calu vous !"
b. ❑ "Oui, bien sûr, la ville dispose de nombreux parkings sécurisés au tarif attractif de 4 € l'heure"
c. ❑ "Ben, faut voir, vous êtes chanceux en général ?"

4. Pour le slogan de la nouvelle plaquette touristique, vous choisissez :

a. ❑ "Marseille, capitale européenne de la merguez", proposition du festival off de Marseille-Provence 2013, capitale européenne de la culture
b. ❑ "Marseille, la culture de la réussite", slogan Euroméditerranée
c. ❑ "Marseille on the move", campagne de communication de la mairie
d. ❑ "Marseille, ville du tiers-monde ?" Institut méditerranéen d'études économiques comparées

Conseil de lecture : le court et lumineux essai *Marseille ou la mauvaise réputation* d'Olivier Boura, aux éditions Arléa.

Réponses :
1b (*le marché aux puces, à condition de l'appeler "marché des cinq continents"* (comme le prévoit le projet d'aménagement. Voir "Puces", p. 140), 2b, 3b, 4b et c.

(néo-)Santons

Comment actualiser la crèche provençale?

Tradition millénaire d'hommage à la nativité, la crèche est une coutume provençale quelque peu figée... Il est donc normal qu'en ce début de XXIe siècle elle se réinvente pour mieux correspondre à son époque. Pour une crèche 100 % marseillaise et contemporaine, commandez nos nouveaux santons et n'oubliez pas de les planter dans le décor de leurs nouveaux lieux de vie.

Nomenclature des nouveaux santons

Lou Taggaïre : une fois la nuit venue, Lou Taggaïre est derrière le cyprès factice en train de saloper consciencieusement les murs de l'étable.

Lou Dealer : armé de sa sacoche Vuitton, il fait le guet derrière l'étable et file même une boulette de plus aux jeunes santons le soir de Noël.

Lou Braqueur : ce santon, qui travaille en équipe, ne sort jamais sans sa voiture-bélier et son bazooka (vendus séparément).

Lou Raveur : alternative divertissante à Lou Ravi, Lou Raveur se trémousse au son de la musique techno-fifre (piles non fournies).

Lou Qualiticien : avec son classeur sous le bras et son costume (ou son tailleur pour la version féminine), ce santon est incontournable pour établir le dossier PDCA (*Plan, Do, Check, Act*) de votre crèche afin d'obtenir la certification ISO 14001.
Lou Néo-Bab : il a repris l'épicerie du village pour la transformer en boutique bio de produits du terroir acheminés par circuit court. Il assure également les soirées de contes et de poésie pastorale.
Lou Barbu : quand ce santon est ajouté à la crèche, il faut impérativement que tous les santons de sexe féminin portent le voile et que tous ceux de sexe masculin portent la barbe (Nike Air vendues séparément).
Lou Îlotier : il patrouille dans les allées de la crèche, en effectif réduit le soir de Noël. Lou Car de CRS est fourni séparément.
Lou Travesti : à n'utiliser que dans les crèches pour adultes avertis.

Lieux de vie des nouveaux santons

Lou PMU : le lieu de retrouvailles préféré des santons dès 10 heures du matin.
Lou Kebab : ouvert 24 heures sur 24, il dépanne les santons noctambules ou insomniaques.
Lou Bazar Tout à 1 € : située dans la rue principale, cette boutique est très courue des santons pour les cadeaux discount et les vêtements pas chers.
Lou Camion-pizze : mexicaine, royale, calzone, complète, reblochonne... Pour les plus feignants des santons, il assure la livraison même le 25 décembre !
Lou Villa néo-provençale : piscine, barbecue, cuisine d'été, colonnes à l'entrée et patio à l'arrière, Lou Villa néo-provençale est à placer à l'écart du village de santons, dans son quartier sécurisé ou dans le périmètre de Lou ZAC (voir p. 158).

Lou Muret : très apprécié des jeunes santons désœuvrés qui s'y regroupent à toute heure.
Lou Abribus : alternative à Lou Muret en cas de pluie, de tempête ou de mistral.
Lou ZAC : placée en surplomb du village de la crèche, elle comprend la galerie marchande, l'hypermarché et l'Ikea. Aussi disponible sur commande : Lou Périmètre de requalification urbaine.
Lou Parking : indispensable pour votre crèche, avec le bordel que vont vous mettre les nouveaux santons. En plus, les trois Rois mages ne se déplacent qu'en 4 x 4 et il faudra bien qu'ils se garent quelque part. Pensez à la hauteur du seuil du parking pour les chameaux.
Lou Moto Ramasse-Étrons : madame, comment nettoyer les crottes quotidiennes des animaux de la crèche ? Chèvres, moutons, ânes, bœufs, sans parler des chameaux. Avec Lou Moto Ramasse-Étrons, plus de soucis !

"La crèche vivante", ou comment créer une émission de téléréalité pastorale

Alternative low-cost à "L'île de la tentation" ou à "Koh-Lanta", "La crèche vivante" est un concept de téléréalité qui a pour cadre le village provençal. Les candidats-santons subiront les épreuves de la production (joute maritime, concours de boules, match de foot à cinq, soirée mousse dans les calanques, préparation de l'anchoïade géante seins nus, etc.), et chaque jour le public votera pour éliminer l'un d'eux. Le gagnant doit tenir jusqu'au 25 décembre.

Snack

Comment survivre au(x) snack(s) marseillais?

Choisir le snack pour son menu marseillais de midi, c'est allier découverte gustative et gestion optimale du porte-monnaie. Chaque quartier ayant des spécificités marquées, un petit guide du snack s'impose. À vous donc de choisir votre menu du jour.

Menu Estaque

Pastis (trois)
Cacahuètes (un petit bol)
Panisses[1] (une bonne douzaine)
Rosé de Provence (deux ou trois verres)
Chichi fregi[2] (un gros)

Où déguster un menu Estaque?

À L'Estaque, bien entendu, mais aussi
Chez Gilda (concept-store de poulpe à La Plaine).

1. Spécialités frites à base de farine de pois chiche se dégustant exclusivement à L'Estaque par portions de six ou douze.
2. Long beignet provençal très gras mais très bon, sorte de churro local vendu à proximité des fêtes foraines.

Menu Noailles

Brochettes de merguez (quelques-unes)
Couscous royal ou végétarien (une belle portion)
Sidi-Brahim (quelques rasades)

Où déguster un menu Noailles ?

À La Kahena (rue de la République), au Cirta (rue Francis-de-Pressensé), rue d'Aubagne, Belsunce, autour du marché de Noailles ou au marché aux puces.

Menu Canebière

Chicken sandwich harissa-mayo, kebab (sauce blanche, salade-tomate-oignons) ou Big Mac
Part de pizza oignons-champis-steack-haché-mozza-tomate, voire pizza-kebab (ça existe)
Sprite ou Coca

Où déguster un menu Canebière ?

Évidemment sur la Canebière (toute la rue), mais aussi le boulevard Dugommier et le boulevard d'Athènes, la rue de Rome, le cours Lieutaud.

Menu provençal

Aïoli "monstre", anchoïade, pieds (et) paquets ou daube provençale
Côtes du Rhône (une bouteille par personne)
Coupe de fruits frais (avec chantilly, cognac, sucre) ou anchois des tropiques

Où déguster un menu provençal ?

Dans la *backroom* d'un bar PMU (service uniquement aux habitués).

Menu parisien
(aussi dit néo-snacking)

Salade du pêcheur agrémentée de jeunes pousses
Taboulé au quinoa sous vide
Smoothie pomme-framboise
Wrap à la sauge et aux courgettes méditerranéennes
Pain aux douze céréales
Fromage blanc – Kiwis

Où déguster un menu parisien ?

Place Lulli, Opéra, rue Grignan, place Félix-Baret, rue de la République, le 8e, tout le périmètre Euroméditerranée, Aix-en-Provence.

Comment reconnaître un néosnack ?

Il convient de rester vigilant face à la montée d'un phénomène parisiano-aixois particulièrement préoccupant et qu'on croyait impensable à Marseille : l'implantation de chaînes de *néosnacks*.

Plus encore que par ses menus, le néosnack se repère à sa décoration, ou plutôt à sa charte graphique oscillant entre plusieurs inspirations : la crèche pour enfants, la chambre d'hôpital et la salle d'attente lounge d'aéroport.

Vous êtes dans un néosnack si :

• la clientèle est féminine à au moins 70 %,

• les couleurs sont flashy et les lumières colorées,

• la déco est "épurée", c'est-à-dire que la pièce est vide,

• les vitamines, les calories et un bilan diététique complet sont étiquetés sur chaque produit en barquette,

• les noms des plats sont en anglais : wrap, smoothie, etc.

Contrairement au bistro Chez Marius, le néosnack a souvent un slogan, ou mieux, une "baseline" – cela ressemble souvent à "On est content", "J'ai bien mangé" ou encore "Ici c'est trop bon".

Les variantes typiquement marseillaises du néosnack sont : le néosnack à pita, le néosnack de ratatouille, le néosnack de pâtes et le néo-salon de thé.

Supporter(s)

Comment soutenir une discussion sur l'OM alors qu'au mieux, vous n'y connaissez rien et, qu'au pire, vous haïssez le foot ?

Autant vous y faire *de suite :* les discussions sur la météo pourrie que vous aviez avec vos amis du Nord vont laisser place aux interminables considérations entre gens du Sud sur l'OM. Et, attention, quand on aborde l'OM, on peut y passer la journée : dernier choix contesté de la direction du club, rumeur du moment sur un joueur frondeur, *refaisage* du match d'avant-hier, critique sportive des options du staff technique en matière de défense latérale, tout est prétexte à commentaires, analyses voire expertises qualifiées.

Comment soutenir la conversation avec un supporter ?

Technique n° 1 : remettre les choses en perspective

Si vous êtes nettement plus âgé que vos interlocuteurs, il vous faut développer une argumentation basée sur la mise en perspective du sujet débattu par rapport à des références désastreuses du passé du club, dont ils ont vaguement entendu parler mais sans en connaître les détails. La méthode que nous vous proposons consiste à amener l'interlocuteur sur un terrain (*sic*) miné qu'il ne maîtrise pas complètement et sur lequel, donc, il aura du mal à intervenir de manière pertinente.

Exemples :

• Votre interlocuteur vous dit : "Gignac, y a du bon et du mauvais !"
Votre réponse : "Que du mauvais sauf quand il marque !"
• Votre interlocuteur vous dit : "Cheyrou, y met du sens à l'attaque !"
Votre réponse : "Ouais ! Enfin ! Quand tu as connu Skoblar, c'était pas du sens qu'y mettait, c'étaient des buts !"
• Votre interlocuteur vous dit : "Bielsa, on a beau dire, c'est un bon !"
Votre réponse : "Peuchère !"

Technique n° 2 : utiliser la fausse rumeur

Vos interlocuteurs ont le même âge que vous.
Le challenge devient là très pointu. Il vous faut bluffer avec des fausses rumeurs. Vraiment fausses puisque c'est vous qui devez les inventer.

Exemples :

• Votre interlocuteur vous dit : "Mandanda y se casse ! Bon vent !"
Votre réponse : "Y paraît qu'il va être remplacé par Gandolfi."
• Votre interlocuteur : "C'est qui Gandolfi ?"
Votre réponse : "Putain ! Mais tu lis pas L'Équipe *?"*
• Votre interlocuteur vous dit : "Gignac, c'est une catastrophe !"
Votre réponse : "Qu'est-ce que ça peut te faire ? Il a signé en secret pour les Lakers."

• Votre interlocuteur: "Et comment tu le sais ?"
Votre réponse: "Putain! Mais tu lis pas le New York Times*?"*
• Votre interlocuteur vous dit: "Les frères Ayew, c'est des bons!"
Votre réponse: "Putain! Si tu voyais leur sœur!"

Notre conseil

Toute formation de supporter bien menée impose, outre l'achat d'une place en virage au marché noir à l'entrée du stade, la visite du "musée" de l'OM (en réalité une vitrine dans la boutique de t-shirts et de souvenirs du stade) pour se recueillir devant le gant de Fabien Barthez et, bien évidemment, devant la Coupe d'Europe des clubs champions, gagnée en 1993.

Dico français / Virage Sud

"Tifo"

Originellement, gigantesque maillot recouvrant une tribune ou un virage, désigne désormais tout dispositif coloré de grande ampleur à visée esthétique déployé par un groupe de supporters. Aller préparer le Tifo avec les groupes (South Winners, Ultras, Yankees, etc.) est une bonne manière de s'insérer dans la vie du stade tout en arrivant complètement bourré au match, mais cet exercice est réservé aux plus motivés. Notez que c'est aussi la méthode la plus pédagogique pour s'initier aux chants de supporters, afin d'éviter de se faire traiter en plein match de "spectateur", ce qui la fout mal au milieu d'un groupe d'Ultras surexcités.
Pour nos lecteurs qui se trouveraient actuellement au stade et qui sentent des regards menaçants se porter sur leur gorge aphone, sachez que le thème des chants porte souvent sur la stigmatisation du manque de virilité de l'arbitre ou des adversaires. Improvisez à partir de cela. Les plus studieux pourront

lire Christian Bromberger (1995), *Le match de football : ethnologie d'une passion partisane à Marseille, Naples et Turin* (éditions de la Maison des sciences de l'homme).

"Chèvres, pébrons, brêles"

Termes employés indifféremment pour désigner les joueurs de l'OM, en général accompagnés de détails sur leurs salaires. En cas de victoire d'une Coupe d'Europe et du titre de champion de France trois années consécutives, les joueurs passent brutalement du statut de chèvre à celui de légende. Pour une raison obscure, Didier Drogba, seul joueur à n'avoir jamais rien gagné avec l'OM, est pourtant vénéré par les groupes de supporters.

"Ruiner"

Vaincre l'équipe adverse avec la manière. Lorsque le terme qualifie un match de l'OM, il décrit n'importe quel score nul ou positif : "Oh ! 1 à 1 peut-être, mais dans le jeu, on les a ruinés ces pédés de [*Stéphanois, Nantais, Parisiens…*]."

Principaux types de supporters marseillais

L'historien
Il connaît tout sur tout et a la capacité de saouler de paroles même les supporters les plus aguerris. Seul le pastis peut en venir à bout. Comptez quand même au moins vingt-cinq momies (*trois tiers de pastis, un tiers d'eau*) pour le faire taire.

L'aigri
Une citation valant mieux qu'un long discours, nous soumettons cette perle : "Un troupeau de chèvres, et encore les chèvres ça fait du fromage, tandis qu'eux : rien ! Que dalle (moins que rien) ! Dégun (personne) !"

Le connaisseur
Ils sont environ 800 000 à Marseille à croire en être !

Le choriste
Si vous êtes à côté de l'un d'entre eux, la soirée est foutue : "Oh hisse, enculé !"

Le soliste
Il ne hurle pas avec les autres mais fait en sorte que sa voix se détache quand il prononce l'une des trois phrases qui composent son vocabulaire, comme : "L'arbitre enculé !"

L'enroué
Il aimerait lui aussi hurler mais il n'a plus de voix. Il vous regarde avec des yeux qui s'excusent. Touchant !

L'anti-Parisien
Il hurle toutes les trente secondes le score (forcément défavorable au PSG) du match que joue le club parisien ailleurs.

Le Marseillais normal
Il veut que l'OM gagne mais son bonheur ne sera complet que si le PSG a perdu. Évidemment, si en plus Saint-Étienne, Bordeaux et Lyon sont allés se faire battre, la soirée n'en sera que plus arrosée.

Village(-dortoir)

Est-il possible de résister aux charmes du périurbain?

Les routes départementales de Provence sont jalonnées de lieux remarquables et pittoresques méritant un large détour: les villages provençaux. Cependant, face à l'urbanisation galopante de la région, nombre de villages à proximité de la métropole se sont transformés en dortoirs marseillais. Quels sont les éléments structurants du village-dortoir et quelles joies réserve-t-il à ses habitants ?

Le rond-point

Toute entrée de village provençal commence par un rond-point municipal, décoré de son outil agricole stylisé au milieu, richement arboré et végétalisé pour illustrer le degré de fleurissement du village (label *Village Fleuri* de une à quatre fleurs).

La caméra de surveillance

Visible à chaque carrefour villageois, le dispositif de vidéosurveillance (dites plutôt vidéoprotection) est relié à la gendarmerie locale. Il assure le bien-être des habitants, repousse le deal de shit en zone artisanale (voir p. 170) et permet la réélection automatique de l'équipe municipale.

L'animation

Pôle majeur de la sociabilité villageoise, le centre des seniors organise lotos dominicaux, concours de boules intergénérationnels et excursions autour de la ZA. Avec le cercle des anciens et l'association des retraités dynamiques, il complète le dispositif d'animation festif du village. Pour être exhaustif, nous mentionnerons également le traditionnel vide-grenier. Au cœur de l'été, le village provençal organise son "festival" pour faire vivre les traditions locales: concours de fifre, compétition de slam provençal, corso du terroir, rave sauvage ou joutes maritimes (sorte d'"Interville" sans la télévision). Autant de prétextes pour empocher des devises.

Le bar ou le cercle

Il est le lieu de travail habituel des sondeurs de l'Ipsos ou de la Sofres, qui peuvent puiser à loisir dans ce vivier d'électeurs frontistes semi-alcoolisés dès 11 heures (voir aussi "Bar", p. 13).

Le centre historique

Les villages en eux-mêmes ont conservé leur structure ancestrale. Sur la place principale, l'église désaffectée, avec son campanile dont les cloches emmerdent tout le village, la mairie toute neuve en pierres apparentes avec des ouvertures en PVC rouge vif, et, enfin, le bar-tabac PMU, modernisé par un décorateur aixois. En suivant la rue principale, composée principalement de bars et de pharmacies, on rejoint le bâtiment qui abrite l'école communale et le centre culturel, et qui ressemble à une tour HLM en moins haut. Le "mobilier urbain" Decaux, les panneaux 4 x 3 et l'affichage sauvage contribuent de leur mieux à l'abâtardissement de l'ensemble. Plus loin, la station-service Antar des années 1950, qui est devenue "fruits et légumes du terroir et barquettes de frites", et dont la fière tour défigure les alentours. À la sortie du village, l'inévitable château d'eau, qui n'a du château que l'eau, sans les douves.

Les quartiers excentrés

Et n'oublions pas le "lotissement". Avec son terrain pelé comme un genou, ses villas néo-provençales et sa résidence seniors sécurisée et médicalisée, il constitue la fierté du maire. Et la verrue du terroir. La périphérie du village peut également accueillir son quota de loi SRU, sorte de mini-quartier Nord provençal dont le bulletin municipal fustige régulièrement les nuisances liées aux "bandes de jeunes" (qui ne sont la plupart du temps que trois ou quatre, éventuellement de la même famille).

La "ZA"

Le clou du village, c'est la "ZA", la zone artisanale. Malgré les efforts de la municipalité pour y attirer les investisseurs étrangers, la zone (car c'en est une) ne comporte que deux établissements : le garage de mécanique-carrosserie qu'on a enfin réussi à foutre en dehors du village, et la conserverie artisanale qui "exporte sur Internet, dans le monde entier" son truc aux champignons que personne dans le village n'a jamais voulu goûter.

Nuisances

Il serait dommage de ne pas évoquer l'univers sonore du village provençal. Pour le touriste sevré de soleil toute l'année, boire un pastis à la terrasse d'un bar sur la place principale au son des cigales et des hirondelles est un moment de grâce. Un moment de grâce gâché par (au choix) :

- un scooter débridé,
- une vespa bourdonnante,
- une mobylette nasillarde,
- un pot d'échappement,
- des vis platinées,
- un carburateur cassé.

Très vite, la communication verbale devient impossible, alors que les jeunes traversent la place debout sur leur roue arrière. À cet environnement sonore il faut ajouter (en option) celui du crétin binaire, DJ à temps partiel, dont la R5 tunée possède certes une sono, mais malheureusement une discothèque limitée.

Aux éditions Les Beaux Jours

••••••••

Les meilleurs restos de Marseille
Marion Kressmann

Marseille pour les minots
Marion Kressmann

Marseille, le best of
Marion Kressmann

Marseille insolite
Les trésors cachés de la cité phocéenne
François Thomazeau
Sylvain Ageorges

Le guide du promeneur de Marseille
17 itinéraires de charme par rues, chemins et traverses
François Thomazeau
Sylvain Ageorges

Les Cartes du Promeneur
Marseille / Autour du Vieux Port
Laure Kressmann

Plages et calanques de Marseille
De Ponteau à Port-Pin, le guide des bords de mer
Gilles Del Pappas
Sylvain Ageorges

Retour à Marseille
Les mêmes lieux photographiés d'un siècle à l'autre
Daniel Quesney

••••••••

www.lesbeauxjours.com

Édition : François Besse et Sandrine Gulbenkian
Secrétariat d'édition : Mathilde Kressmann
Préparation-correction : Juliette Dutour et Irène Colas
Direction artistique : Isabelle Chemin

Achevé d'imprimer en août 2014 chez Soregraph
Dépôt légal : septembre 2014
N d'impression : 13979
ISBN : 978-2-35179-125-7

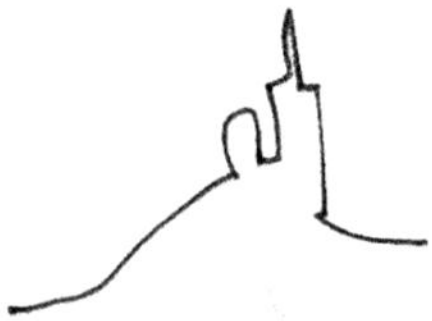